www.tredition.de

AF196252

Marlis Gitta Gerusel

Alzheimer

Wo bist du?

www.tredition.de

© 2016 Marlis Gitta Gerusel
Umschlag, Illustration: Marlis Gitta Gerusel
Lektorat, Korrektorat: Dr. Matthias Feldbaum, Augsburg

Verlag: tredition GmbH, Hamburg

ISBN
Paperback: 978-3-7345-2281-9

Printed in Germany

Das Werk, einschließlich seiner Teile, ist urheberrechtlich ge-
schützt. Jede Verwertung ist ohne Zustimmung des Verlages
und des Autors unzulässig. Dies gilt insbesondere für die elek-
tronische oder sonstige Vervielfältigung, Übersetzung, Verbrei-
tung und öffentliche Zugänglichmachung.

Diese Zeilen sind meinem geliebten Mann gewidmet

Dieses Büchlein ist für all jene gedacht, die einen Menschen mit Alzheimer zu Hause pflegen möchten.

Es ist die Fortsetzung meines Buches »Liebe auf den ersten Klick«.

Vorwort

Ich werde Ihnen in einer Kurzfassung einen Einblick geben, denn mir geht es in erster Linie um die Begegnung mit der Alzheimer-Krankheit.

Trotz eines Altersunterschiedes von 26 Jahren hatten wir ein sehr schönes, lustiges, intensives und liebevolles Leben. Es begann durch ein besonderes Kennenlernen und Zueinanderfinden über die Landesgrenzen hinweg. Die glücklichen und zum Ende hin traurigen Jahre sind es wert, zu zeigen, wie und dass man mit Alzheimer leben kann. Ich möchte die verschiedensten Gegebenheiten, die bei voranschreitender Alzheimer auftreten, beschreiben. Die letzten Jahre waren oft sehr hart.

Nun bin ich soweit und möchte dieses Buch schreiben. Vielleicht gibt es anderen auch Mut, einen lieben Menschen, der an Alzheimer erkrankt ist, in seinem gewohnten Zuhause leben zu lassen. Für mich war es „learning by doing". Ich wollte kein medizinisches Buch verfassen, sondern das Empfinden zwischen einem Paar aufzeigen, das sich liebt und dennoch die Hürden der Krankheit zu überwinden versucht – und sich letztendlich verliert, was allerdings überwiegend einseitig ist. Ich kannte niemanden persönlich, der Alzheimer hatte, um mich ein wenig vorbereiten zu können. Um sich in unser Verhältnis hineinzufinden, werde ich ganz kurz in die Vergangenheit eintauchen. Das erscheint mir sehr wichtig. Denn ohne diese wertvollen Jahre hätte ich es nie geschafft, meinen Mann zu versorgen.

Inhalt

Verlobung.. 13

Nationalfeiertag 15

Hochzeit 16

Beginnende Alzheimer 21

Das Jahr 2011.. 31

Das Jahr 2012.. 46

Das Jahr 2013.. 63

Das Jahr 2014.. 95

Gedanken zur Demenz in den letzten Monaten

    meines Mannes 126

Gedanken zum Umzug in eine Pflegeeinrichtung 130

Einzug in die Pflegeeinrichtung 137

Besuche im Heim 141

Mein Mann ist eingeschlafen – 1. Advent 148

Verlobung

Für heute hat mein Mann geplant, auf den Pilatus zu fahren. Der Pilatus ist ein südlich von Luzern liegendes Bergmassiv. Das Wetter ist sehr schön, und somit dürfte einer guten Aussicht nichts im Wege stehen. Wegen des schlechten Wetters hatte er es schon einmal verschoben. Auf ihn ist ja Verlass, und da wird es ein schöner Tag werden. Von der Zeit her läuft alles, wie von ihm nicht anders zu erwarten, nach Plan.

Wir fahren mit der steilsten Zahnradbahn der Welt. Ein einmaliges Erlebnis, und erst die Aussicht: Der höchste Punkt ist dort über 2000 Meter hoch.

Mein Mann sagt zu mir: „Wenn wir oben angekommen sind, bekommst du einen Verlobungskuss."

Ich bin überrascht, denn ich ahnte ja davon nichts. Dann der versprochene Verlobungskuss. In einem Tunnel, mit Blick aus Felsenlöchern, kann man über das ganze Bergmassiv sehen. Hier sind ganz viele Eiszapfen. Es ist Juli. Die vielen Bergdohlen hier sind an die Touristen gewöhnt und kommen auf die Hand, um gefüttert zu werden. Im Berghotel ist ein Tisch mit roten Rosen gedeckt und einem großen goldenen Herz, an dem mein Verlobungsring befestigt ist. Und das alles vor einem so schönen Panorama.

Irgendwann müssen wir wieder den Heimweg antreten. Damit hat er mir eine riesige Freude bereitet.

Ich sage: „Wenn es dich nicht gäbe, müsste man dich erfinden."

Wir sprechen über einen Heiratstermin und was so alles dazugehört. Meine Scheidung habe ich inzwischen hinter mich gebracht.

Eine Woche später treffen wir uns mit dem Achterklub, acht Freunde, die meist gemeinsam reisen. Wir wollen ihnen von unserer Verlobung berichten. Wir fahren mit der Harder Seilbahn, eine Steigung von 64 Prozent, und haben einen wundervollen Ausblick auf den Thunersee. Auf einer Plattform angekommen, genießen wir auf einer Außenterrasse eine Blick auf die schneebedeckten Berge Eiger, Mönch und Jungfrau.

Alle freuen sich über unsere Verlobung. Was ja nicht so zu erwarten war, weil ich als Deutsche zuerst nicht gut aufgenommen worden bin. Aber auch das regelte sich zu aller Zufriedenheit. Nach der Abfahrt gehen wir in ein Hotel mit Ausblick auf den Thunersee.

Mein Mann ist immer sehr besorgt, wenn ich mal wieder in Deutschland zu Besuch bin. Er denkt immer, mein Exmann würde mich belästigen. Aber umso größer ist dann seine Freude, wenn ich wieder zurückkehre. Wenn er mich abholt, steht er immer mit einem großen Rosenstrauß da. Manchmal muss er sehr lange warten, wenn der Flieger Verspätung hat. Aber das ist ihm egal, Hauptsache, ich komme wieder.

Nationalfeiertag

Heute ist Nationalfeiertag in der Schweiz. Mein Mann ist stolzer Schweizer und hat mir das genau erklärt. Er weiß so viel und kann so interessant erzählen. Die drei Urkantone Uri, Schwyz und Unterwalden schlossen sich im „Ewigen Bund" zusammen. Am 1. August wird in der ganzen Schweiz der Entstehung der Eidgenossenschaft gedacht. Die Eidgenossenschaft geht, wie es der Name schon vermuten lässt, auf einen Schwur, einen Eid zurück. Jedenfalls will es die Legende so. Im Jahre 1291 trafen sich die Vertreter der drei Waldstätten Uri, Schwyz und Unterwalden auf der Rütliwiese, um ein Verteidigungsbündnis gegen die Österreicher und andere Feinde zu treffen. Um das Bündnis zu besiegeln, schworen sie den „Rütlischwur", den heute jedes Kind in der Schweiz kennt. So will er mir alles näherbringen, was eine künftige Schweizerin wissen muss.

Zu diesem Anlass fahren wir ins Zürcher Oberland zum Hotel Hasenstrick. Dorthin, weil mein Geburtsname „Hase" ist. Zum Glück hat er Plätze reserviert, denn an diesem Tag ist es überall voll. Natürlich können wir dort das Augustfeuer und später das Feuerwerk sehen. Das Feuerwerk ist genauso groß wie das an Silvester in Deutschland. Ein Trio spielt Musik, und wie sich rausstellt, sind es Berliner. Als sie meinen Dialekt hören, spielen sie am Tisch extra für uns.

Hochzeit

Mein Schatz hat Ringe bestellt, die wir uns vorher in einer Auslage ansahen. Dabei testete er meinen Geschmack. Heute werden sie gebracht, und ich muss sie anprobieren. Drei verschiedene Ringe sind es. Er überlässt mir, welche wir auswählen. Die restlichen nimmt der Verkäufer wieder mit. Das ist das Einfachste.

Wir sind heute unterwegs, um uns einige Lokalitäten für die Hochzeit anzusehen. Es sind so viele schöne Hotels mit bester Aussicht. Wenn die Leute denken, ich komme mit meinem Vater, so stellt mein zukünftiger Mann das immer ganz glücklich richtig: „Sie ist bald meine Frau!"
Zur Trauungsvorbereitung waren wir auch. Im Zivilstandsamt gilt das als gesetzliches Eheversprechen.
Sein Sohn mit Frau werden Trauzeugen sein. Meine Jungs waren zuerst geplant. Da wir aber den genauen Termin noch nicht wussten, wird es nun ganz kurzfristig gehen müssen. Ich bekam nämlich die Mitteilung vom Migrationsamt, wenn ich bis zum ... keinen Termin hätte, würde ich ausgewiesen!
Gestern vor dem Einschlafen hat er mir gesagt, es berühre ihn unsagbar, wie wir miteinander leben, uns verstehen, miteinander schlafen, aufstehen und den Tag gemeinsam verbringen würden – und eine Frau auf Augenhöhe, hätte er sich schon immer erträumt. Dieses Gefühl ist unwahrscheinlich schön.
Mein Schatz nimmt mich in den Arm und sagt: „Wie schön es ist, dich bei mir zu haben! Langsam aber sicher

nähern wir uns unserer Zielvorgabe: Du wirst MEINE Frau ..."

Ich bekomme mit, wie er einem Freund ganz glücklich von der bevorstehenden Hochzeit erzählt – und dann ist da noch was von einer Überraschung.

Zu mir sagt er: „Ich will nie mehr ohne dich sein, es sei denn, wenn du zu deinen Lieben fährst. Dann werde ich geduldig auf dich warten. Heute ist ein besonderer Tag. Unser Hochzeitsmonat fängt an." Ich freue mich über seine Worte. Dann sagt er noch: „Meine geliebte Frau, ich danke dir für alles, was du für mich getan hast und noch tust."

Diese Worte werden noch eine wichtige Bedeutung für mich haben.

Ich antworte ihm: „Ich war immer gewohnt, mich um alles zu kümmern. Bei dir ist das anders. Du umgibst mich mit so viel Sorgfalt und Liebe und überlässt nichts dem Zufall. Ich soll mich einfach nur wohlfühlen und mich um mein Hobby kümmern. Treu deinem Motto: ‚Es geht alles, wenn man nur will, und es gibt immer einen Ausweg', lebst du nun mit mir. Ich fühle mich so geborgen bei dir. Das habe ich schon bei unseren ersten Mails gespürt. Da ist ein gestandener Mann, der nimmt das Leben in die Hand, von dem würde ich mich gerne leiten lassen. Das ist aber etwas, das ich erst lernen muss."

Heute ist der Tag, an dem ich seine Frau werde. Wir sind nur mit den Trauzeugen im Zivilstandsamt. Die große Feier kommt noch. Die Standesbeamtin hat viele schöne Worte für uns. Sie bemerkt auch noch, dass wir ja kein alltägliches Paar wären, vom Alter her. Und sie muss sich lange überlegen, welche Worte sie uns mit auf den Weg geben will, da ja vor ihr eine große Menge Lebenserfahrung sitzt. Als alles beendet ist, bedankt mein Mann sich bei ihr für ihren gefühlvollen Beitrag. Sie ist ganz gerührt und freut sich sehr darüber.

Wir haben eine sehr schöne Hochzeitsnacht. Es gibt doch tatsächlich in diesem Alter noch Steigerungen. Bevor wir einschlafen, reden wir noch über die Trauzeugin. Wir lachen Tränen und können kaum mehr aufhören.

Der Tag der Hochzeitsfeier ist da. Als Erstes kommen meine Jungs. Sie machen auf der langen Fahrt in den frühen Morgenstunden eine Schlafpause.

Wir vier frühstücken erst mal in aller Ruhe. Schön, sie wieder bei mir zu haben.

Mein Sohn holte einige Verwandte aus dem Hotel, und wir essen dann zusammen Mittag. Zum Kaffee sind dann die letzten Berliner eingetrudelt. Ebenso die Banker, die meinen Mann immer betreuen, kommen zur Freude meines Mannes als Überraschungsgäste. Einige Gäste ziehen sich ins Hotel zurück, auch von der langen Fahrt erschöpft. Um dort gemeinsam Abend zu essen, fahren wir dann zu den anderen ins Hotel.

Es ist eine sehr fröhliche Runde. Nach der Verabschiedung gibt mein Mann allen Autofahrern eine von ihm vorbereitete Karte zum Ziel der Feier.

Morgens bespricht er noch einmal den Weg mit den Anwesenden, und dann fahren wir mit allen Autos im Schlepptau los. Als alter Militär hat er natürlich alles im Griff und verliert keinen.

Gut angekommen, genießen wir alle den wundervollen Blick von oben. Die Schweizer Gäste sind alle da, und so können wir alle mit einem Glas Champagner begrüßen. Schon bald gibt es herrliches Essen: ein reichhaltiges Buffet. Einer seiner Freunde hält nach dem Essen eine Rede über uns und darüber, wie sie mich in ihren Klub aufgenommen hatten.

Ich habe dem Kellner zwei Pakete übergeben. Eines für meinen Mann, ein von mir gemaltes Bild, auf dem wir beide abgebildet sind, und eins, das immer mit den Namen der Gäste versehen wird und nach dem Auspacken immer an den nächsten Gast weitergereicht wird … Es gibt noch für jeden eine Hochzeitszeitung, in der ein Quiz in Schweizer und Berliner Dialekt drin ist, was alle sehr erheitert.

Plötzlich heißt es, aufbrechen. Auch ich weiß nicht, was kommt. Alle Autofahrer werden wieder instruiert, und los geht es zum Hasenstrick. Dort angekommen, stehen geschmückte Kutschen für alle bereit. Zwei Stunden Fahrt durch die herrliche Landschaft, zwischendurch eine Pause im Gasthof und dann zum Abendessen in ein Hotel, in dem alles wunderschön dekoriert und gedeckt ist. Dort werden Spiele gemacht, die ich vorbereitet habe, und Livemusik spielt …

Wir passen einfach zusammen, jeder will dem anderen eine Freude bereiten.

Nun ist es wieder soweit, der Tag des Abschieds naht.

Wir setzen uns mit einem Glas Champagner auf die Terrasse und lassen die letzten Tage Revue passieren.

Er sagt: „Noch niemals habe ich so sehr geliebt, ich danke dem Schicksal, dass es dich gibt. Nur du hast mein Inneres entdeckt. Du hast meine Leidenschaft geweckt. Und dabei hatte ich erst Befürchtungen wegen des Altersunterschieds. Aber das muss man einfach erlebt haben."

Am Abend sagt er: „Meine liebe Frau, hab Dank für deine Liebe, hoffe, es bleibt ewig, und ich bin dankbar, dass du diesen tapferen Entschluss gefasst hast, mit mir dein Leben zu verbringen."

Beginnende Alzheimer

Dass ich das zu diesem Zeitpunkt bereits erkenne und bemerke, ist jetzt für mich nur zu sehen, weil ich Tagebuch schreibe und dies mit meiner jetzigen Erfahrung aus meinen Texten herauslesen kann. Denn eigentlich habe ich mich immer öfter einfach nur gewundert, ohne es zu hinterfragen.

Es beginnt Anfang 2010. Zu diesem Zeitpunkt weiß ich aber noch nicht, dass es sich um die Krankheit Alzheimer handelt.

Es kommt einmal im Monat unser Bankberater zu uns. Mein Mann stellt etliche eigenartige Fragen und blockt vieles ab. Ich weiß ja, er kennt sich gut aus, lässt sich nicht so leicht beeinflussen, aber er ist so anders. Der Blick des Beraters zu mir zeigt mir auch seine Verwunderung. Jedenfalls kommt es dann doch zu einer einstimmigen Aktion.

Als zwei Tage später die Auszüge kommen, ist mein Mann irritiert und sogar böse auf den Berater. Ich erkläre ihm immer und immer wieder, warum er es so gemacht hat, und dass es es auch richtig so sei. Er geht dann in sein Büro und kommt freudig zurück. Hapi, mein Mann, sagt: „Du hast recht, Hasi, es ist alles in Ordnung."

Einen Tag später kommt der Kaminkehrer, angemeldet wie immer am Jahresanfang. Mein Mann fragt, was er wolle. So gehe das nicht, einfach klingeln und dastehen. Dann soll er erst mal mit ins Wohnzimmer kommen, er habe mit ihm zu reden. Er will wissen, ob der Mann einen Ausweis habe, warum er komme, was er hier mache, ob Hapi sich auch eine andere Firma nehmen könne … Der Kaminkehrer ist verdattert, kommt er doch schon Jahrzehnte hierher.

„Aber du stehst doch jedes Mal daneben?", sage ich zu meinem Mann. Na, jedenfalls kann ich ihn beruhigen, und der Mann kann seine Arbeit machen. Mein Mann geht natürlich hinterher. Dann sieht er wohl ein, dass alles in Ordnung ist. Ihm fällt wie aus dem Nichts wieder die Bank ein, und er schimpft über so vieles. Wenn ich ihn aber darauf hinweise, dass sie nur seine Wünsche erfüllen, ist er auch noch böse auf mich.

Ich bin irritiert. Mir gefällt mein Mann nicht. Ich verstehe ihn nicht, so ist er doch sonst nicht. Ungläubig schaue ich ihn an, weiß nicht, was das soll. Antworten will ich auch nicht, denn es sieht so aus, als würde er sich nur weiter ärgern.

Ich sehe sein unzufriedenes Gesicht und frage, was denn los sei. Es sieht aus, als quäle ihn was. Er tut mir so leid. Er müsse etwas überlegen und damit müsse er alleine fertig werden, sagt er.

Bemerkt er für sich schon, was mit ihm passiert?

Dann, am nächsten Tag, ist alles wieder in Ordnung, und er sagt, er möchte mit mir zusammen einen Ring zu meinem Geburtstag aussuchen.

Er möchte mir eine Geburtstagsfreude machen, die ihn überdauert und durch die ich immer an ihn denken kann. Da ist er wieder, wie immer total entspannt und liebevoll. Wir fahren mit dem Auto los. Ich habe im Auto keine Bedenken mehr, denn er fährt ruhig und sicher.

Am Nachmittag ruft er mich von oben runter, ich bin gerade im Büro.

„Schatz, mache mir doch bitte den Fernseher an."

Das war schon mal vor Kurzem so. Nun denke ich doch, dass es wohl Alzheimer sein muss?

Dann ist tagelang wieder alles in Ordnung. Für mich ist dieses Hin und Her ein sehr belastender Zustand.

Mein Mann vergisst das Osterfest. Auch wieder so ein Zeichen. Früher hat er förmlich nach Gründen gesucht, mir etwas zu schenken. Er freut sich, dass alles so schön geschmückt ist und er auch einen Osterhasen bekommt. Aber über diesen Fauxpas bin ich nicht traurig, er kann ja nichts dafür. Auch rückt bei mir der Gedanke, dass er Alzheimer haben könnte, immer wieder in den Hintergrund, denn er ist ja fast immer wie früher. Er wird halt alt. Aber trotzdem fange ich an, ihn zu beobachten.

Ein paar Tage später wieder ein Vorfall. Mein Mann kommt aus dem Keller und sagt: „Der Heizstrahler ist an. Das musst du der Haushaltshilfe und dem Gärtner sagen. Sie sollen besser aufpassen."

Jetzt werde ich aber hellhörig, es wird langsam gefährlich. Haushälterin und Gärtner waren nämlich eine Woche nicht da.

Mein Mann schneidet das Thema Alzheimer von sich aus an. Er sagt, wenn er es mal bekäme, würde er sich erschießen. Wahrscheinlich merkt er, dass er so viel vergisst, kann aber auch nicht realisieren, dass es schon begonnen hat. Nun sucht er wieder einmal seinen Schlüssel. Auch das kommt nun fast täglich vor. Es ist ihm, der immer so zuverlässig und korrekt war, sehr unangenehm.

Da ich ja schlecht laufen kann, sagt mein Mann immer: „Du gehst nicht mehr in den Keller, dafür hast du mich."

Also bitte ich ihn, die Wäsche in den Trockner zu stecken. Später bringt er sie mir rauf. Die Wäsche ist schmutzig. Er hat die Schmutzwäsche in den Trockner getan und nicht die Wäsche aus der Waschmaschine! Das sind jetzt typische Sachen, die er macht. Dazu sage ich nichts, sondern gehe in den Keller, wenn er es nicht bemerkt, und bringe das mit der Wäsche in Ordnung. Aber er will doch helfen.

Ein paar Tage später passiert es wieder. Er kommt aus dem Keller und sagt: „Die Wäsche kann gar nicht gewaschen sein, sie ist trocken. Das Wasser ist ausgestellt."

Ich gehe runter und sage zu ihm: „Fass doch mal rein, die Wäsche ist nass."

Darauf mein Mann: „Nein, der Wasserhahn ist zu, und die Maschine kann nicht gewaschen haben."

Ich gebe es auf. Er versteht es heute nicht. Er hat wieder alle Stecker gezogen … Das ist wohl sein neuestes Hobby.

Ebenso beim Fernsehen. Kommt Reklame, macht er aus. Ich versuche, ihm zu erklären, dass es gleich weitergehen würde.

„Wolltest du das sehen?", fragt er mich.

„Na sicher, die Reklame ist doch gleich vorbei."

Ganz unsicher schaut er mich an. Dann steckt er den Stecker in einen großen Blumentopf.

„Warum ist der Stecker im Blumentopf?"

Ganz ernst sagt er: „Na, du bist doch ein Dummerchen, der muss doch geerdet sein."

Das ist ja noch lustig! Ich kann mir das Lachen nicht verkneifen.

Sein PC geht nicht mehr, er hat ihn kaputt gespielt. Da sich ja sein Sohn nicht um ihn kümmert, habe ich einen Bekannten angerufen, ob er uns helfen könne. Er sagt noch schnell vor seinem Urlaub zu. Der PC hat einen Virus, und das Betriebssystem ist auch kaputt.

Da sagt mein Mann plötzlich, er habe ja noch den Laptop und sein Freund solle das lassen, er würde sich einen anderen Mann holen, der das repariert.

So ist das in der letzten Zeit häufig, erst hü, dann hott. So war er früher nicht. Aber zum Glück versteht es der Bekannte, ich habe es ihm erklärt.

Wir sehen fern.

Er sagt: „Ich höre nichts."

„Ja, dann musst du die Kopfhörer nehmen", antworte ich ihm.

„Die hat einer weggenommen", sagt er.

„Die hängen doch vorn am Fernseher."

Dann fragt er, ob ich wüsste, wo sein Sohn wohnt?

Ich sage es ihm: „Wenn du die Adresse brauchst, frage mich nur."

Jetzt ist der Schlüssel dran. „Wo ist der Haustürschlüssel?", will mein Mann wissen. Er will meinen sehen, um zu prüfen, wie er aussieht. Ich suche in seiner Jacke von gestern und finde ihn. Ich gebe ihm einen Kuss, und er strahlt.

Wir schauen den Film weiter. Da er die Zusammenhänge nicht mehr erkennt, schimpft er auf die schlechten Filme.

Mein Mann geht zur Post und will Rechnungen begleichen. Er kann es nicht übers Internet, und solange er kann, läuft er halt.

Ich sage zu ihm: „So kannst du aber nicht gehen." Es ist Mitte August, und er hat Strickjacke, Jackett und noch einen Mantel an.

Es ist mittlerweile an verschiedenen Dingen zu bemerken, dass er nicht mehr alles im Griff hat. Ich sage: „Komm und gib mir mal bitte alle Sachen, die du anhast, und ich gebe dir deine Sommerjacke, die ist doch viel schicker."

Er meint: „Das ist lieb von dir, dass du aufpasst, wie ich aus dem Haus gehe."

Als er von der Post zurückkommt, zeigt er mir den Einzahlungsschein und sagt: „Da war eine, die keine Ahnung hatte, und das habe ich ihr auch gesagt."

Er hatte einen Schein benutzt, den er durch Kreuze unbrauchbar gemacht hat, und da hat er seine Zahlen draufgeschrieben. Nun muss ich demnächst die Scheine kontrollieren, wenn er mich lässt. An solchen Tagen versteht er die Welt nicht mehr, wo er doch immer für alles Sorge trägt. Mein armer Schatz. Wie schlimm muss das sein.

Ich muss wirklich meine Augen und Ohren überall haben. Für Fremde macht er oft noch einen normalen Eindruck. Er ist redegewandt und nutzt dies aus. Fast denke ich, er macht es bewusst, um nicht aufzufallen und andere darauf zu stoßen, dass bei ihm etwas nicht in Ordnung ist.

Ich sehe meinen Mann im Garten, wie er sich mit einem mir fremden Mann unterhält. Es hört sich an, als würden sie sich von früher her kennen. Mein Gefühl sagt mir aber, dass das nicht stimmt.

Mein Mann fragt ihn aus, wo er gearbeitet habe usw. Ich höre, wie er sagt: „Wir kennen uns von früher, von Ihrer Firma."

Mein Mann kommt mit dem Herrn rein. Er ist ganz erfreut, als er ihn mir vorstellt. Der Mann sieht sich auffällig um, und ich habe kein gutes Gefühl. Wir sitzen am Tisch. Ich hole meinen Fotoapparat und sage: „So, nun kann ich meinem Mann später Ihr Foto zeigen, um ihn an Sie zu erinnern."

Da springt der Fremde auf, der Stuhl kippt um, und weg ist er. Habe ich mich doch nicht getäuscht. Zu meinem Mann sage ich: „Bitte bringe niemanden mehr rein, sondern hol mich lieber erst raus." Ich sage nicht: „Du kannst das nicht mehr realisieren!", sondern: „Du hast dein Hörgerät nicht getragen und deshalb nicht alles gehört." Ich muss schon aufpassen, wie ich mich ausdrücke, denn manchmal versteht er wieder alles, und dass sein Kopf nicht mehr funktioniert, will er nicht hören.

Diese Anfangsphase, in der er noch häufig realisiert, dass sein Kopf nicht mehr so kann, wie er will, muss für ihn schrecklich sein.

Beim Frühstück sagt er einmal zu mir: „Ich will so lange wie möglich bei dir bleiben, jeden Tag mit dir genießen. Du bist mein liebes Hasi." Vielleicht denkt er in diesem Moment an seine Vergesslichkeit.

Ich versuche, mit ihm über seine Alzheimer zu reden, er blockt aber sehr schnell ab. Also spürt er es. Ich würde so gerne wissen, wie er es empfindet, und denke auch, es wäre für ihn dann leichter, wenn er begreifen könnte, dass ich es weiß und natürlich bei ihm bleibe. Auch einen Arztbesuch, um vielleicht durchblutungsfördernde Medikamente zu bekommen, lehnt er kategorisch ab. Also: Thema beendet.

Übrigens: Einen Tag später, nachdem dieser Trickbetrüger da war, klingelt das Telefon. Da sagt jemand zu mir: „Eben habe ich mit ihrem Mann telefoniert. Wir hatten früher zusammen gearbeitet, und ich wollte ihm noch etwas sagen. Ist er noch da?"

Ich sage zu ihm, dass er aber einen besonderen Draht zu meinem Mann haben müsse, da er ohne Telefon mit ihm reden könne. Ich lege auf. Das Telefon ist ausschließlich in meine Hand. Vielleicht wollte dieser Typ nur wissen, ob und wer zu Hause ist. Der hat ja gesehen, dass mein Mann nicht ganz klar im Kopf ist und ich an zwei Krücken laufe.

Das Ganze melde ich der Polizei, denn ich kann den Mann ja beschreiben und die Autonummer ebenfalls.

Unser Bankberater ist auch mal wieder da. Für ihn wird es auch immer schwieriger. Er lässt sich jetzt alles von meinem Mann unterschreiben, denn der handelt ganz anders als früher.

Mein Mann sagt zu ihm: „Wenn Sie so oft kommen, können Sie ja gleich ihr Bett hier aufstellen, dann können Sie meine Frau öfter sehen."

Der Berater ist ganz irritiert. Er ist sicher froh, raus zu kommen.

Ich muss zu Polizei und mich einer Prüfung zwecks Einbürgerung unterziehen. Ich bestehe sie. Mein Mann ist darüber sehr erfreut, denn er möchte doch mit einer Schweizerin verheiratet sein. Das versteht er alles.

Am nächsten Tag kommen zwei Polizisten, um zu kontrollieren, ob ich wirklich hier wohne. Als sie dann auch noch im Bad alles sehen wollen und in die Schränke schauen, wird mein Mann ärgerlich.

Er sagt: „Wissen Sie, wer ich bin? Sowas gab es noch nie hier im Haus."

Ich beruhige ihn und sage ihm, dass das eben so sei, wenn man Schweizer werden wolle, und es habe schon seine Richtigkeit. Dann beruhigt er sich.

An einem Abend, mein Mann sitzt sehr nachdenklich da, sagt er: „Was hältst du davon, wenn ich mein Auto verkaufe und die Papiere abgebe? Hast du was dagegen?"

„Aber, Schatz", antworte ich, „du bist doch der Fahrer, aber wenn es dir zu viel wird, dann ist das in Ordnung. Wir können doch ein Taxi nehmen, wenn wir irgendwo hinwollen." Er ist sichtlich erleichtert, ich aber auch. „Schließlich bist du schon über 65 Jahre unfallfrei gefahren, und da ist das doch ein guter Abschluss."

Als wir mal von einer Fahrt zurückkommen, ist er so erschöpft, dass er sich sofort auf das Sofa legt und ganz fest einschläft. So sehr strengt es ihn an.

Nun will er das Auto verkaufen und mehr dafür haben, als es auf dem Markt gibt. Das Auto ist erst 900 Kilometer gefahren und, ja, auch fast neu, aber so ist das nun mal. Ich bitte einen Bekannten, der ein Geschäft und viel Publikumsverkehr hat, die Ohren aufzuhalten. Und schon nach einer Woche haben wir einen Termin mit dem Käufer, der es seiner Tochter kaufen möchte. Bei der Bezahlung gibt Hapi dem Käufer doch tatsächlich 500 CHF von der Summe zurück und sagt: „Stimmt schon so."

Ich bin platt. Wenn das ein armer Mensch wäre, aber der ist reich, hat ein eigenes Geschäft ... Als der Käufer weg ist, frage ich meinen Mann, was das eben sollte. „Erst willst du viel mehr haben und dann schenkst du ihm 500 CHF?" Er fand ihn nett!!

Dann gibt er mir das restliche Geld und sagt: „Kauf dir was Schönes."

In diesem Moment weiß ich genau, er hat Alzheimer. Nie und nimmer hätte er früher so viel Geld einfach nur an Fremde verschenkt. Er ist eigentlich sehr sparsam.

Heute ist sein 86. Geburtstag. Mein Mann liest noch immer sehr viel. Auch hat er immer noch nur kurze Aussetzer, und wir können sehr nett feiern. Ich sehe zu, immer nur zwei Gäste auf einmal zu haben. Mehr verkraftet er nicht. Als wir dann wieder allein sind, ist er ganz müde.

„Danke, mein Schatz, für den schönen Tag, ich brauche keine Feier, die Hauptsache ist, ich habe dich bei mir."

Jetzt stehe ich noch mehr an erster Stelle als früher. Ich denke mal, er fühlt sich sicher bei mir.

Das Jahr 2011

Mein Mann hat mal wieder Probleme, bei der Steuer durchzublicken. Er, der für andere noch vor zwei Jahren die Steuererklärung gemacht hat, braucht Hilfe. Es ist traurig, zu sehen, wie alles immer weniger wird. Aber jetzt weiß ich noch nicht, wie schlimm es werden wird.

Er sitzt stundenlang am Schreibtisch, blättert, heftet und sortiert, wie ich sehe, ziemlich durcheinander. Ich muss parallel die Ein- und Ausgaben aufschreiben, nicht, dass ich plötzlich von einem Tag auf den anderen mit seiner Buchführung klarkommen muss.

Seine Welt wird immer kleiner, und sie sollte, wenn es nach ihm geht, nur noch aus mir bestehen. Ein alter Fliegerkamerad aus Amerika mailt mir, weil er von meinem Mann keine Antwort bekam. Früher hätte er sich wahnsinnig gefreut und ausführlich geschrieben. Da er ja noch bis vor etwa drei Jahren als Redakteur einer Armeezeitschrift arbeitete, hätte er immer ganz ausführlich über sich und die Politik geschrieben. Aber er kann nicht mehr mailen. Ich bereite ihm seinen Laptop vor, damit er nur noch auf einer Seite schreiben muss und ich es ins Mailprogramm kopieren und senden kann. Aber er will es nicht.

„Schreib du", sagt mein Mann.

Ich suche meinen Schlüssel. Geht das jetzt bei mir auch schon los? Als ich bei ihm im Büro stehe und er sein Schubfach öffnet, sehe ich mein Schlüsseltäschchen. Da kann ich ja lange suchen, denke ich mir, und ebenfalls mein Kalender liegt dort drin. Ich schmunzele nur, gebe ihm einen Kuss und sage ihm, dass alles gut ist.

Er bittet mich, zwei Zeitungen zu kündigen. Wenn er mal nicht mehr ist, soll ich nicht so viel zu tun haben.

„Dann bring mir bitte die Kundennummern, die stehen auf der Zeitung vorne drauf."

Gleich nach dem Frühstück bringt er mir die Sonntagszeitung.

„Aber die habe ich doch gerade vor zwei Wochen abonniert, nachdem ich sie vor einem Monat kündigen sollte." So suche ich mir also alles im Internet zusammen.

Ich hatte viel Bürokratisches zu erledigen, um Schweizerin zu werden. Dies waren insgesamt Kosten von fast 25.000 CHF. Vom Migrationsamt kommt meine Einbürgerungsbestätigung. Sie muss bezahlt werden. Da mein Mann noch immer die Zahlungen erledigt, geht er los. Als er zurückkommt, sagt er: „Die bei der Post werden immer dümmer. Die haben mir kein Geld gegeben."

Ich sage: „Du hast ja auch kein Postkonto! Das hättest du von der Bank holen müssen und bei der Post einzahlen oder bei der Bank überweisen müssen."

Er setzt sich ganz niedergeschlagen in der Küche hin und sagt traurig, er sei für nichts mehr zu gebrauchen. Was ich noch mit ihm wolle, ich wäre alleine doch besser dran. Ich nehme sein Gesicht in die Hände und sage, dass das alles nicht so schlimm sei. „Bei dir ist der Kopf krank, und bei mir sind es die Beine. Ich ersetze den Kopf, und du läufst da, wo ich nicht kann. Du würdest für mich genauso da sein."

„Das ist ja auch was anderes, ich bin der Mann und muss für dich da sein."

„Aber, Schatz", sage ich, „wir sind verheiratet, in guten wie in schlechten Zeiten."

Er drückt mich, und eine Träne läuft über seine Wange. Das tut mir so weh. Auf jeden Fall hat er es jetzt mal zugegeben, dass er weiß, wie es um ihn steht. Danach scheint er glücklich zu sein. Er geht auf die Terrasse und hisst die Schweizer Fahne.

„Was ist los", frage ich, „heute ist doch nicht der 1. August?"

Mein Mann: „Nein, aber du bist Schweizerin, und das muss gefeiert werden. Soll jeder sehen. Das ist für einen stolzen Schweizer ein Muss."

Zum Glück hat er das noch erlebt und auch begriffen, denn darauf wartet er schon so lange.

Am nächsten Morgen gratuliert er mir zum Geburtstag, als wir wach werden.

„Aber, Schatz, ich habe doch nicht Geburtstag."

Da ist er sehr erstaunt. Ich sage, dass das aber nichts mache, wir würden trotzdem ein schönes Frühstück haben.

Am Nachmittag kommt er hoch ins Büro zu mir, wo er früher auch immer stundenlang saß. Aber nun kann er da nichts mehr anfangen.

„Ich will nur mal sehen, was du so machst, was so ein Loch in meine Kasse reißt." Dann kommt gleich noch hinterher, dass ich so viel fernsehen und in der Reklamezeit nicht ausschalten würde. Ich bin richtig sauer und lass es mir auch anmerken. Er hat sich so verändert. Als ich runterkomme und er übers ganze Gesicht strahlt, habe ich ein so schlechtes Gewissen. Ich schäme mich, denn ich weiß doch, dass er nichts dafürkann. Auch ich muss lernen, mit dieser Situation umzugehen, und darf nichts persönlich nehmen. In der Nacht wälzt er sich lange hin und her, und ich sehe, dass er nicht schläft. Ich lege meinen Kopf auf seine Brust, um ihn zu beruhigen.

Morgens ist im schwindelig. Die Sache gestern hat ihm sehr zu schaffen gemacht. Er tut mir so leid. Schnell zeige ich ihm, dass alles gut ist und er sich schon mal setzen solle. Er bekäme gleich ein schönes Frühstück.

In dieser Nacht findet er auch nur schwer den Weg zum Bad. Er läuft immer vor dem Schlafzimmerschrank hin und her, dann zum Fenster, wieder zurück und findet dann endlich die Tür des Schlafzimmers.

Ein Telefonat von einer Freundin aus unserem Achterklub: Sie will ihn sprechen. An seinen Worten bemerke ich, dass er nicht weiß, wer am Apparat ist, und er redet nur neutral. Als ich dann dran bin, erkläre ich es ihr kurz, damit sie nicht sauer auf ihn ist. Er fragt mich, wer die Frau war. Er würde sie nicht kennen, und sie hätte ihn geduzt. Mich macht es immer wieder fassungslos, was da in seinem Kopf vorgeht.

Heute ist mein Geburtstag. Der erste ohne Blumen von ihm. Mein Mann wundert sich über die vielen Telefonate heute. Ich sage ihm, er könne mir heute zum Geburtstag gratulieren.

„Ach so", sagt er nur.

So ist das nun mit meinem Schatz, ich muss mich damit abfinden, dass er sich so sehr verändert.

Mein Sohn, der gekommen ist, holt mir etwas aus dem Keller und bringt schimmlige Wurst und Brote mit nach oben. Mein Mann legt doch immer Sachen in den Eisschrank, der im Keller steht, das dachte ich zumindest, aber er bringt sie einfach irgendwo hin. Büchsen sind stattdessen im Eischrank. Also kann ich ihn das auch nicht mehr machen lassen.

Ich muss wieder seinen Drucker reparieren lassen. Er besteht darauf. Weiß ich doch, dass er morgen wieder kaputt gespielt ist. Aber er versteht es nicht, wenn ich ihm das erkläre.

Dann sucht er seinen Klammeraffen. Wo ich ihn hingepackt hätte.

„Ich weiß doch nicht, wo du ihn gelassen hast, aber ich helfe dir gerne suchen."

Ich finde ihn, und er wird wieder nachdenklich. „Wie hältst du das nur mit mir aus? Ich habe dich gar nicht verdient."

„Alles gut, Schatz", sage ich.

Im Garten läuft ein Rasenroboter. Den habe ich gekauft, weil sich mein Mann mit über achtzig nicht mehr so anstrengen sollte. Bisher lief alles wunderbar. Neuerdings ist sein neuestes Hobby, ihn immer hochzuheben und in seine Aufladestation zu stellen und auszuschalten. Da das Gerät ja ein Computer ist, bringt mein Mann mit seiner Aktion alles durcheinander. Ich muss dann immer mit meinen Krücken auf dem bergigen Gelände herumkraxeln und alles wieder neu einstellen. Ich bitte ihn, den in Ruhe zu lassen. Und er sagt „Ja!" und hat es nach fünf Minuten vergessen. Mit einem Kalender kommt er auch nicht mehr zurecht. „Früher waren die ganz anders", heißt es dann immer wieder. „Wer soll sich denn damit zurechtfinden?"

Beim Frühstück fragt mich mein Mann, ob mir unsere beiden Freunde sympathisch sind?

„Natürlich", sage ich, „deshalb sind sie doch mit uns befreundet." Er will dann mit Benni reden, dass er mir zur Seite steht, wenn er nicht mehr ist und ich mit seinen Kindern konfrontiert sein werde. Er habe sie erlebt beim Tod seiner ersten Frau, und das soll ich nicht durchstehen müssen. Mir geht durch den Kopf, dass er mal sagte, wenn er Alzheimer hätte, würde er sich erschießen.

Ich traue mich kaum noch aus dem Haus. Er will auch kein Konto mehr, sondern nur noch ich solle eines haben, damit ich da alles am PC bezahlen könne. Den Weg zur Post und Bank macht er inzwischen auch nicht mehr.

Ich mache mich für die Übernahme der Buchhaltung bereit. Mein Mann hat einen guten Tag und sagt: „Wir machen jetzt jeden Tag eine Bürostunde, und ich erkläre dir alles."

Ich habe ja inzwischen schon ein Auge auf alles gehabt und gesehen, wie falsch da jetzt schon so vieles läuft. Alle paar Minuten bringt er mir Unterlagen zum Kopieren – Sachen, die ich schon längst habe. Ist schon anstrengend. Er ist voll in seinem Element. Wenn ich nicht aufpasse, verschwinden Papiere, die ich geordnet habe. Wenn irgendwo Zahlen zu sehen sind, nimmt er das Dokument an sich und heftet es in wer weiß welchen seiner vielen Ordner. Er unterstellt mir immer, ich würde ihn für einen Dummkopf halten. Natürlich tue ich das nicht, nur ist es für mich eben auch schwer. Erst ist er sauer, und dann ist er froh, weil ich alles mache.

Der Bankberater kommt mal wieder. Mein Mann sagt: „Ab heute arbeitet nur noch meine Frau mit Ihnen, und ich halte mich zurück und komme auch nicht mehr an den Tisch."

Der Berater ist sichtlich erleichtert. Hatte ich doch seine Geduld von letzten Mal bewundert.

Mein Mann will die Kontoauszüge sehen. Kein Problem, ist ja online schnell gemacht. Jetzt plötzlich gefällt ihm die Bank nicht mehr, und er will wechseln. Ich sage: „Das ist nicht so einfach, sie zu kündigen und wieder neu zu aktivieren – ist wie mit den Zeitungen. Du hast mir doch alles beigebracht, und ich mache alles in deinem Sinn. Nun musst du mir aber auch vertrauen.“

„Ja, mein Hasi, du hast recht“, sagt er.

Es ist so schwer, mit ihm zu verhandeln, denn er hat doch Jahrzehnte lang alles super gemacht, und nun mache ich es als Frau, mit der er auch noch zufrieden ist. Seine Intelligenz wechselt sich sehr schnell mit kindlichem Verhalten ab, und da ist es sehr schwierig, den richtigen Ton zu treffen, wenn mal wieder die Intelligenz dran ist.

Wieder geht es um die Bankpapiere. Er sortiert seine Kopien nicht richtig ein. Er weiß nur, dass er es früher konnte, und heute ist die Bank schuld und ich auch. Wieder einmal will er alles kündigen und bei einer anderen Bank Konten eröffnen. Mal ist er froh, dass ich alles mache, dann wieder sieht er, dass er nichts findet, und sucht die Schuld bei anderen. Heute ist wieder so ein Tag, wo er es nicht wahrhaben will, dass er vieles einfach nicht mehr kann.

Ich muss mal wieder aus dem Haus. Habe immer Angst, dass er etwas anstellt oder seine Waffe benutzt. Als ich zurückkomme, sitzt er in der Garageneinfahrt und wartet auf mich. Er hat sein Unterhemd verkehrt herum an und kein T-Shirt. Dann erzählt er mir, hier wären zutrauliche Katzen. Er will wissen: „Sind das unsere, wie viele haben wir?"

Wie oft habe ich es ihm schon gesagt. Also mir darf nichts passieren. Für mich ist es nicht leicht, da ich ja inzwischen im Rollstuhl sitze. Aber zu mir ist er nach wie vor lieb und nett, außer bei seinen Aussetzern. Er versucht, mir zu helfen, was meist mehr Arbeit für mich bedeutet. Auch benutzt er sein Hörgerät nicht mehr, was ja das Ganze nicht gerade vereinfacht. Fremde bemerken seine Schwerhörigkeit selten. Denn er merkt ja, dass er wenig hört, und er verwickelt sein Gegenüber in ein Gespräch, das er natürlich in seine Bahnen lenkt.

Ich versuche, ihm Aufgaben zu geben, wie zum Beispiel Karton wegzu räumen oder Papier und Flaschen … Und bei jeder einzelnen Flasche, egal wie oft am Tag, muss ich ihm sagen, wohin sie gehört. Aber das macht mir nichts, denn ich liebe ihn, und er tut mir leid.

Auch bei seinem geliebten Eis kann er sich nicht merken, wo es ist. Dann bringt er Joghurt aus dem Kühlschrank oder Obst. Meist gehe ich dann hin und sage: „Schau her, hier ist es."

Das ist ihm dann oft unangenehm. Auch muss ich ihm sicher 20-mal am Tag sagen: „Lass bitte die Tür auf, sonst kommen die Katzen nicht an die Katzenklappe."

Dann sagt er: „Das musst du mir doch sagen." Ich schmunzle nur.

Mal wieder beim Frühstück. Er schaut mich lange an und sagt dann: „Sag mal, woher kennen wir uns eigentlich? Dann erkläre ich es ihm, und er ist zufrieden. „Und wie viele Katzen haben wir, und wie heißen sie?"

Heute bin ich etwas genervt. Habe am PC zu tun, und das Internet geht nicht. Die Treppen zum Büro fallen mir sehr schwer. Was hat er nun schon wieder gemacht? Auf dem Boden steht der Router. Da hat er wohl das Lämpchen blinken sehen und ihn ausgeschaltet. Zum Glück bin ich reingekommen, denn die Katze war dort eingesperrt. Oh je, es ist doch sehr schwer.

Am nächsten Tag das Gleiche. Nun ist Schluss damit. Ich schließe die Bodentür ab.

Aber Einfälle hat er noch genug. Ich erwarte eine Lebensmittellieferung. Der Lieferant ruft an. Ich sage: „Warum klingeln Sie nicht?"

„Habe ich doch."

Ich probiere es aus. Nun, auch das noch, wieder ein Schalter, den mein Mann ausschalten kann. Oben an seinem Büro kann er mit einem Knopf die Klingel abstellen.

Ich komme vom Einkaufen. Im Wohnzimmer liegt viel Erde verstreut. Mein Mann hat die Tür zugemacht, und die Katzen konnten nicht raus. Da hat eine einen großen Blumentopf als Ersatz gesucht. Es stinkt fürchterlich.

So … Krücken und ein großer Topf sind schon ein Problem. Aber ich schaffe es, spüle die ganze Erde ab und fülle wieder neue ein. Mein Mann schaut zu und sagt: „Du hast so viel Arbeit!"

Ich glaube, hier wird schon sichtbar, dass man den Menschen, den man mit Alzheimer betreut, lieben, achten, ehren und wertschätzen muss, um das alles auszuhalten. Als ich wieder ins Wohnzimmer gehe, geht er auf die Terrasse. Er traut sich nicht rein. Ich hole ihn und sage: „Komm, es ist doch alles gut." Aber innerlich ärgerte ich mich schon. „Magst du einen Kakao?"

Den liebt er sehr, und wir kommen beide runter. Für ihn ist es ja gut, kaum ist etwas passiert, hat er es schon wieder vergessen, während ich noch rumgrübele.

Zu unserem Hochzeitstag, den wir früher immer außerhalb feierten, stelle ich Blumen und für ihn ein Buch auf den Tisch. Er hat es natürlich vergessen und sagt, dass es ihm peinlich sei. Wieder tröste ich ihn. Ich weiß doch, wie gerne er mir immer eine Freude bereitet, und da muss das für ihn sehr schlimm sein, das einfach nicht mehr zu können. Aber auch hier: Er hat es gleich wieder vergessen.

Immer wenn unsere Freunde kommen, ist mein Mann sehr geschafft. Er bekommt von den Gesprächen nicht mehr so viel mit. Bert sagt zu ihm: „Nimmst du dein Hörgerät nicht mehr? Dann kannst du doch hören."

Da steht Hapi auf, legt ihm einen Kugelschreiber hin und sagt: „Kannst du damit hören?" Bert schaut mich fragend an und ich sage: „Er denkt, es ist sein Hörgerät."

Erst waren sie beide sehr erschrocken und verwundert, aber dann müssen sie wegen der Situation doch lachen. Sie haben bis dahin noch nicht mitbekommen, wie schlimm es um ihn steht. Weil er ja, wie gesagt, sehr redegewandt ist und auch viel redet. Als sie weg sind, geht er sofort schlafen, er ist fix und fertig.

Zum Frühstück fragt er mich: „Gibt es heute keine zweite Tasse Kaffee?"

Ich sage: „An sich schon, nur wenn du die Maschine ausschaltest und auch noch die Kanne wegnimmst, dann natürlich nicht. Die Lampe hat geleuchtet, und sofort hast du das Ding ausgeschaltet. Alles, was geschaltet werden kann, wird ausgeschaltet."

Mein Kalender ist weg.

„Schatz, wo ist mein Kalender?"

„Hab ich nicht."

„Komm, wir gehen in dein Büro."

Und richtig, da ist er und auch meine Handykarte, die ich gesucht hatte. Auf alles, was klein ist, muss ich aufpassen.

Mein Mann hat sich Gedanken über sein Büro gemacht. Ich könne doch so schlecht laufen und mein Büro sei ja oben. Er dagegen habe zwei, eins oben, eins unten. Nun wolle er mit mir tauschen. Ich solle einfach so tun, als wäre er nicht mehr.

„Also können deine Möbel weg?"

„Nein!"

„Aber du hast doch ein Büro und bist eh nicht mehr drin."

Aber seine Möbel sollen unten bleiben, er will nicht, dass andere Leute sie tragen. So geht es zigmal hin und her, umziehen, ja, umziehen, nein …

Ohne meine Möbel geht das für mich nicht. Also lassen wir es, wie es ist.

Mein Schatz hat ein neues Lämpchen entdeckt, das man ausschalten kann. Das ist neben dem Fernseher – ein HD-Gerät. Für ihn sinnlos, denn der Fernseher läuft ja. So oft habe ich es ihm ganz in Ruhe erklärt – wofür das Lämpchen leuchten muss –, und ich weiß, es ist ja auch nur für den Moment. Zum Glück habe ich die Geduld, ihm immer wieder alles zu erklären. Denn helfen würde es weder ihm und schon gar nicht mir, würde ich ungeduldig werden.

Heute sind mal wieder Kopien für „seine" Unterlagen dran. Ihm kommt dann in den Sinn, dass er ja immer Unterlagen wegheften muss.

Ich sage: „Schatz, ich habe dir doch schon fünf Kopien gemacht, wo lässt du sie nur immer?"

„Dann zeige mir, wo die sind."

„Aber woher soll ich wissen, wo du sie hingeheftet hast?"

Nun macht er mir Vorhaltungen, ich müsse doch wissen, wo die abgeblieben seien. Also gehe ich hoch in mein Büro, mache wieder einmal Kopien und sehe zu, wo er sie lässt. Und siehe da, wir finden alle Kopien, aber in einem Ordner, wo sie nicht hingehören. Ist ja auch klar, dass er das nicht mehr kann. Aber was soll ich machen, wenn er die „Übersicht" behalten will. Ich kann seine Gedankengänge nicht immer nachvollziehen. Natürlich ist es mittlerweile auch für mich anstrengend.

Heute hat mein Mann mal wieder einen klaren Moment und er sagt: „Jetzt wird dein Büro mit meinem getauscht, damit du endlich nicht mehr die Treppen rauf muss."

Schnell mache ich einen Termin, in der Hoffnung, dass alles gut geht, er es zulässt und es nicht wieder vergisst. Ich beginne, mein Büro auszuräumen, und sage meinem Mann, er müsse sich um nichts kümmern, ich würde das erledigen. Mit einem Mal will er nicht mehr, dass andere seine Ordner sehen – er könne dann ja nichts mehr wiederfinden. Seine Ordner sind veraltet und die Militärordner von früher interessieren auch keinen mehr.

Er will jetzt nicht mehr, ich soll mich mit meinem PC an seinen Tisch setzen. Aber der Raum müsste ja auch dringend gemalert werden bei dieser Gelegenheit.

Ich bin ihm nicht böse, denn er ist 87 Jahre alt, und da muss ich es eben so hinnehmen. Ich soll warten, bis er nicht mehr ist. Also sage ich den Männern, die alles räumen und malern wollten, ab.

Im Moment ist das An- und Ausziehen eine echte Schwierigkeit. Er geht mit Klamotten ins Bett. Als ich nach ihm sehe, ob er im Bett liegt, sage ich: „Komm, wir ziehen noch schnell den Schlafanzug an, dann schläfst du besser."

Er lässt es zu. Am nächsten Tag läuft er den ganzen Tag mit dem Oberteil des Schlafanzugs herum und will es nicht ausziehen.

Heute will ich mit meinem E-Mobil einkaufen fahren. Noch auf dem Grundstück sehe ich die Alarmlampe leuchten. Oh nein, das auch noch. Wieder ein Lämpchen, das er in der Garage entdeckt hat, was man ja ausschalten kann. Da ist mein Fahrzeug angeschlossen, damit es immer geladen ist. Ich weiß noch nicht, ob ich es ihm sagen soll. Eigentlich hat das ja keinen Sinn, denn er vergisst es ja eh wieder. Wieder etwas, worauf ich aufpassen muss. Es wird immer mehr.

So, nun ist's genug, jetzt sammle ich erst einmal alle Schlüssel ein, von den Räumen, bei denen er etwas um-schalten kann, und was mir dann Arbeit macht! Das sind erst einmal die beiden Schlüssel vom Boden und vom Kel-ler und nun auch von der Garage.

Ein Handwerker ist heute da. Mein Mann zieht ein Ge-sicht, ich denke, er ist wieder eifersüchtig. Nach dem Abendessen verschwindet er in sein Büro.

Als er lange nicht runterkommt und ich schon im Bett liege, mache ich mir Sorgen, denn er sagte ja mal, wenn er Alzheimer hätte, würde er sich erschießen. Ich gehe hoch und finde sein Büro abgeschlossen vor. Auf Rufen reagiert er nicht mehr. Den Schlüssel werde ich mir morgen auch einstecken müssen. Die Tür hat ein kleines Fensterchen, sodass ich sehen kann, dass alles okay ist. Er sitzt da und grübelt. Kurz darauf kommt er runter und geht wortlos ins Bett. Das kenne ich nicht von ihm.

Er kann nicht schlafen, was ist nur los? Er streichelt mich lange, bleibt aber ruhelos wach. Dann lege ich mich zu ihm und streichele ihm über den Kopf. Nach kurzer Zeit schläft er ein. Ich denke mal, er hatte klare Momente und wusste nun nicht, wie er mit der Situation umgehen soll.

Die Büros werden endlich umgeräumt!!! Ich fotografiere seine Regale, Schreibtisch, Wände, sodass alles wieder so hinkommt, wie er es gewohnt ist. Denn sonst wäre es für ihn schlimm und noch schwerer, etwas wiederzufinden.

Am Abend sind alle fix und fertig, die Arbeit ist vollbracht, und die Arbeiter sind wieder auf dem Heimweg. Ich beginne noch damit, sein Büro nach den Fotos einzuräumen. Auch dort ist wieder alles an seinem Ort. Mein Büro nehme ich morgen in Angriff. Da kommt dann die Haushaltshilfe und unterstützt mich. Endlich nicht mehr so viele Treppen steigen. Ich weiß, welche Überwindung das für ihn war.

Falsch gedacht. Am nächsten Tag wieder kein Internet. Ich denke, auf den Boden kann er ja nicht, ich habe doch den Schlüssel. Ich gehe also wieder hoch und schaue in sein Büro. Da liegt ein Verteiler unter seinem Schreibtisch, der zum Router führt, und an dem ein Lämpchen leuchtet!!! Genau ein Lämpchen, das man ja ausschalten kann. Ich bitte die Haushälterin, eine Leiste ohne Schalter mit

Lampe zu besorgen, und dann sage ich ihr, wie sie alles anschließen soll, denn ich kann mich nicht runterbücken. Das muss natürlich gemacht werden, wenn mein Mann Mittagschlaf hält und er es nicht sieht.

Inzwischen ist Weihnachtszeit. Ich bin im Büro und höre immer ein Klickern vom Telefon. Was macht er nun wieder? Ich finde ihn im Wohnzimmer, versteckt hinter der Gardine. Ist ja lustig. Wie ein Kind, das etwas Verbotenes macht und nicht gesehen werden will. Da hat er nicht nur die Fensterbeleuchtung rausgezogen, sondern auch noch den gesamten Stecker, an dem das Telefon angeschlossen ist. Ich versuche, ihm zu erklären, warum der Stecker drinbleiben muss.

Ich lasse den PC tagsüber an und mache nur den Monitor aus, und damit er es nicht leuchten sieht, lege ich ein Blatt Papier auf die Tastatur, wo noch ein kleines Lämpchen leuchtet. So ist er beruhigt: Alles ist aus, und ich spare mir die Zeit, alle Programme hochzufahren. Es kostet schon Nerven, und ich muss sehr erfinderisch sein.

Das Jahr 2012

Wir schauen zusammen einen Videofilm. Plötzlich steht er auf und verstellt alles. Ich bin ärgerlich, so kann ich ja keine Sendung zu Ende sehen, und ich setze mich an den PC. Immer muss ich aufpassen, was er macht, wo er gerade hingeht ...

Hinterher denke ich oft, ich muss ruhiger bleiben, er kann doch nichts dafür! Als ich in die Küche komme, das vorbereitete Abendessen holen, hatte er seins schon gegessen. Das hat er noch nie gemacht, denn er freute sich immer auf das gemeinsame Essen. Dann geht er wortlos schlafen. Als ich dann später ins Bett komme, ist er noch wach und will wieder alles gutmachen. Wie schlimm muss das sein, wenn man merkt, dass man sich total anders verhält, als man will.

Beim Telefonieren höre ich immer ein Tuten im Hintergrund, und dann ist die Leitung tot. Was ist das schon wieder? Ich sehe, dass das Telefon keinen Strom hat. Hat er doch wieder den Stecker gezogen! Ich habe die Nase voll und schreibe einen großen Zettel an meine Tür: Keine Fensterläden schließen! Keine Stecker ziehen!

Ich schau am Abend, ob er einen Schlafanzug anhat, denn er geht jetzt immer früher ins Bett. „Hapi, du musst doch einen Schlafanzug anziehen", rufe ich und lege ihn ihm hin. Da sehe ich, dass er keine Unterwäsche anhat. Also war er schon ausgezogen und hat sich wieder falsch angezogen. Da wusste er sicher nicht, was ich von ihm wollte.

„Ich mag nicht mehr, ich will so schlafen."

Also gut, was soll ich machen? Zieht er eben morgen früh alles neu an.

Am Morgen gibt er mir den Schlüssel seines Stahl-schranks zum Aufbewahren, weil er ihn sonst nicht mehr wiederfindet. Da hat er wieder einen klaren Moment.

Am Abend geht er, wie immer, früher ins Bett, und ich denke: Ich höre ja nichts. Also gehe ich nachschauen. Er sitzt im Unterhemd auf dem Bett und weiß nicht weiter. Ich gebe ihm seinen Schlafanzug, und alles ist gut. Mir kommen die Tränen, er tut mir so leid. Das sieht er und sagt: „Komm, Hasi, nicht weinen, wird alles wieder gut." Ich streichle ihn, wünsche ihm eine gute Nacht und lege mich neben ihn, bis er eingeschlafen ist. Dann gehe ich noch ins Wohnzimmer. Nun fängt meine Erholungszeit an.

Morgens zieht er wieder alles verkehrt an, lässt sich aber nicht helfen. Nun ist das Unterhemd über dem Oberhemd, und die Schuhe hat er auch falsch angezogen.

Einmal im Monat kommt sein Sohn für eine Stunde. Nun sieht er, wie es seinem Vater geht. Aber er grinst nur.

In der Nacht kommen laufend die Katzen und wecken mich. Was ist los? Sie führen mich zu der Tür, die runter zum Keller, zu ihrer Katzenklappe führt, und die hat mein Mann abgeschlossen. Das kann ich von oben sehen, wenn ich runter in den Keller schaue. Wieder ein Schlüssel, den ich wegnehmen muss.

Dort mache ich einen Zettel dran: „Hier wohnen Katzen, Tür bitte angelehnt lassen." Da es mir ja so schwerfällt, in den Keller zu gehen, lasse ich die Jalousie und die Tür von der Terrasse etwas auf, damit die Katzen rein und raus können.

Am nächsten Abend bitte ich meinen Mann, ein Eis aus dem Eisschrank zu holen. Eis isst er für sein Leben gerne.

Er möchte ja immer helfen, und da denke ich, das kann er noch. Der Eisschrank steht inzwischen nicht mehr im Keller, sondern in der Küche, da ich ihn nicht unkontrolliert dranlassen kann.

Ich sage: „Im Eisschrank, unteres Fach." Ich höre es schieben und klappern, dann einen Knall und Fluchen. Da hat er wieder kein Licht gemacht und war nicht am Eisschrank, sondern am Kühlschrank. Er hat den ganzen Kirschsaft in der Küche verteilt. Oh, Schitt! Ist nicht so einfach für mich im Rollstuhl, das sauber zu machen. Hapi möchte ja helfen, aber ich mache es lieber allein. Als ich ihm dann sein Eis bringe, strahlt er übers ganze Gesicht. Dann sagt er: „Hättest du mir doch sagen können, ich hätte es doch geholt."

Was soll ich dazu sagen?

Am Morgen ist er zum Frühstück ganz lieb, eben wieder mein Hapi. Das ist für mich immer schön, nur leider bleibt dieser Zustand nicht lange. Später kommt er mit einer Tüte voll von ausgelaufenen Batterien und fragt, warum ich die oben auf seinen Schreibtisch gelegt hätte. Ich sage ihm, dass ich das nicht gewesen sein konnte, denn, wo ich doch so schlecht laufen kann, würde ich doch nicht hochlaufen, sondern sie wegschmeißen. Aber ich bin es ja gewohnt, dass alles, was er sich nicht erklären kann, ich war.

Ich sage nur: „Gib sie mir bitte, ich entsorge sie."

Als ich am Abend ins Bett gehe, trifft mich fast der Schlag. Alle meine Pullover liegen verstreut umher. Als ich alles eingeräumt habe, wird er wach.

„Du hast vergessen, mir den Schlafanzug rauszulegen."

„Aber, Schatz, den haben wir doch zusammen angezogen."

Ich schaue nach, und er hat wieder die Tagesbekleidung an, und unter den Hosen und dem Pullover ist der Schlafanzug und um den Hals hat er das Unterhemd. Und die Unterhose??? Die werde ich schon noch finden.

Nach drei Monaten kommt sein Sohn mal wieder, der nur zehn Autominuten entfernt wohnt. Mein Mann stellt mich ihm vor.

„Das ist mein Hasi, sie kann alles und macht auch alles für mich und kann gut kochen und backen und ist soooo lieb."

Sein Sohn sagt, dass er mich doch bereits kenne. Mein Mann ist sehr verwundert. Der Sohn schaut mich fragend an.

„Dein Vater hat Alzheimer." Ich kann es ruhig sagen, wenn ich leise rede, denn mein Mann hört inzwischen kaum noch etwas, da er sein Hörgerät nicht mehr trägt.

„Dann tust du ihn doch ins Heim, oder?"

Ich bin sehr erstaunt über diese Frage. „Nein, natürlich nicht. Das kann ich ihm nicht antun, denn hier fühlt er sich zu Hause, und er hat außerdem noch etliche klare Momente."

Er würde ihn nicht zu Hause behalten, sagt sein Sohn.

Bei mir denke ich: Ist klar, so oft du nach dem Vater siehst und auch nie hilfst …

Mein Mann ruft mich: „Hasi, hilf mir bitte." Nanu, kommt das von draußen? Ich schaue aus dem Fenster und sehe ihn in der Garageneinfahrt liegen. Sicher ist er im

Schnee ausgerutscht. Zum Glück habe ich einen Treppenlift draußen, nicht, dass ich auch noch falle. Mit zwei Krücken gehe ich zu ihm, und ich schaffe es, ihm hochzuhelfen. Wieder im Haus, versorge ich erst mal seine Wunde an der Augenbraue und sehe noch einige Schürfwunden. Aber es geht ihm gut.

Am Nachmittag kommt die Haushaltshilfe, und er ist so gut in Form. Er läuft ihr immer hinterher und schließt die Fenster, die sie öffnet, macht das Licht aus, wenn sie den Raum verlässt, um ja gleich wiederzukommen. Er ist aber bei allem lieb und meint es auch so. Zum Glück hat sie gute Nerven und drückt ihn zwischendurch. Das findet er natürlich toll. Nur kommt sie dank seiner „Hilfe" nur langsam vorwärts.

„Schatzi, komm doch in die Küche, ich mache dir Kaffee und Kuchen."

Das brauche ich nicht zweimal zu sagen. Er isst für sein Leben gerne Süßes.

Mein Mann bekommt mit der Post seinen Rentenbeleg. Gut, dass ich es gesehen habe. Am Nachmittag geht es dann wieder los ... wie jeden Monat. Er möchte mal wieder einen Beleg seiner Rente sehen. Ich sage, du hast doch vorhin einen mit der Post bekommen.

„Wo ist er denn?", fragt er. „Zeig ihn mir doch."

Ich sage mir, bleib ganz ruhig, er kann nichts dafür. Jeden Monat und mehre Tage dasselbe, und das geht solange, bis er ihn gefunden hat. Meistens bekomme ich die Post zuerst und mache sofort eine Kopie davon.

Ich will zum Optiker und frage ihn, wo seine Brieftasche mit den 6000 Franken ist. Aber die Frage hätte ich mir sparen können. Ich will ihm ja nicht alles wegnehmen. Aber beim Büroumzug war seine Brieftasche mit seiner Pistole im Stahlschrank und dann in seinem Nachtisch, damit er sein Heiligtum dicht bei sich hat.

Die Pistole ist noch da. Na, ich werde nicht nach der Brieftasche im ganzen Haus suchen, also fahre ich noch zur Bank.

„Bitte, bleib nicht so lange", sagt er.

„Du kannst doch mitkommen, ich bin doch bei dir."

Allein verlässt er seit fast zwei Jahren das Haus nicht mehr. Aber er will auch jetzt nicht mit.

Als ich ihn einmal losschickte, seine Zeitung zu kaufen, kam er lange nicht wieder. Da sagte er: „Dort im Laden stehen jetzt so komische Wagen und da sollte ich Geld reintun …" Nichts wäre wie immer, und da gehe er nicht mehr hin. Damals hatte ich es noch nicht gleich bemerkt, wie es um ihn steht, aber ich wunderte mich schon über seine Aussage.

Also will er nicht mit, er geht immer bis zur Garagenausfahrt und wartet dort mit einem Stuhl auf mich, bis ich wiederkomme.

Ich sitze am PC und beschäftige mich mit Grafik. Mein Mann kommt rein und setzt sich neben mich.

Dann sagt er: „Ich möchte doch endlich mal wissen, was mit meiner Rente ist. Ich habe keine Ausdrucke und weiß nicht, wann was wo bezahlt wird."

Es muss für ihn, der Jahrzehnte die Buchführung im Haus gemacht hat, furchtbar sein, plötzlich nichts mehr zu wissen bzw. zu finden.

„Pass mal auf, ich zeige dir jetzt dein Konto in der Bank." Ich logge mich ein und zeige ihm sein Konto und auch die Renteneingänge, die da stehen. Er strahlt übers ganze Gesicht.

„Na, das machst du aber toll, danke."

Und der Saldo gefällt ihm auch. Naja, bis zum nächsten Mal.

Als er später wieder in mein Büro kommt, bringt er mir eine Banane und entschuldigt sich. Er meint es doch nicht so. Ich gebe ihm einen Kuss und sage: „Das weiß ich doch, Schatz, und ich erkläre es dir auch gerne noch hundertmal."

Ist das nicht schlimm, wenn er es dann noch manchmal bemerkt? Wenn wieder ein Beleg kommt, dann werde ich ihn dabei fotografieren, wie er ihn in der Hand hält. Ob das was nützt?

Zum Frühstück sagt mein Mann: „Genieße den Tag, denn morgen bist du ein Jahr älter."

Ich habe aber doch heute Geburtstag. Er ist wieder ganz traurig, das verwechselt zu haben. Als mein Sohn anruft, fragt mein Mann, was der wollte?

„Na, Schatz, mir zum Geburtstag gratulieren."

Da sagt er: „Der wird auch schon alt, du hast doch erst morgen."

Ich muss lächeln, da hat er das, was wir eben besprochen haben, schon wieder vergessen. „Komm her, mein Schatz, ich hab dich lieb, kriegst ein Küsschen."

Wieder Rentenabrechnung. Die hat es ihm angetan. Ich bin schuld, dass er keine Belege hat, und in den Ordnern findet er sich nicht mehr zurecht. Ich fange die Post ab, er behält jetzt den Briefkastenschlüssel.

Ich sage: „Denke aber bitte daran, wenn du den Schlüssel nicht findest, brauchen wir einen neuen Briefkasten." Er zeigt mir den Hausschlüssel und sagt, er hätte ihn nun abgezogen? Er denkt, das ist der Briefkastenschlüssel.

Es ist doch sehr anstrengend. Natürlich habe ich einen neuen Schlüssel für die Haustür machen lassen, da ich schon kommen sehe, dass der auch bald weg ist.

Heute ist er ärgerlich, weil er den Fernseher nicht mehr bedienen kann. Er sagt zu mir, ich wolle ihn aus dem Wohnzimmer haben und verstelle die Fernbedienung absichtlich.

„Schau mal, Schatz, sei nicht so böse, das ist doch das Telefon, das du in der Hand hast. Dort auf dem Tisch ist die richtige Fernbedienung. Soll ich ihn gleich einschalten?"

Ich muss mir das Lachen verkneifen. Nach einer Stunde wird ihm wohl bewusst, dass er sich nicht richtig verhalten hat, und er bringt mir einen klein geschnittenen Apfel mit Gabel.

„Das ist aber lieb von dir, mein Schatz."

„Du machst immer so viel für mich, da muss ich dir doch wenigstens einen Apfel bringen."

Abends ruft mich unser Freund an und sagt, ich solle aufpassen, denn Hapi habe ja seinen geladenen Revolver im Schubfach. Er denkt, es ist gefährlich, weil er ja auch sieht, wie er sich verändert hat. „Nimm doch bitte die Waffe weg und versteck sie."

Aber ich kann sie doch nicht wegnehmen. Das beste Stück für einen Schweizer Militär.

Da sagt er: „Wir werden mal bei Gelegenheit, wenn wir wieder da sind, die Patronen entfernen."

Daran habe ich noch nicht gedacht. Da er mir ja immer gezeigt hat, wie er mich liebt, bin ich nicht auf die Idee gekommen, es könnte was passieren. Aber bei der Veränderung, die er durchmacht, ist es schon richtig, was unser Freund sagt!

Zum hundertsten Mal der Rentenbeleg ... Ich mache ein Foto, wie er ihn in der Hand hält. Diese Diskussionen hängen mir zum Halse raus. Aber so ist das Leben mit Alzheimer, auch ich muss es erst lernen. Lange brauche ich auf die Auseinandersetzung nicht warten.

Ich zeige ihm das Foto und sage: „Na, was nun, wo hast du ihn gelassen? Du heftest doch alles weg, wo hast du ihn?" Nun lache ich schallend. Wie blöd bin ich, einem Alzheimererkrankten logisches Denken zu unterstellen. Wir lachen beide, nur er lacht nur mit. „Schatz, wenn du ihn gefunden hast, zeigst du ihn mir dann?" Na, sicher doch. Ich gebe ihm die Kopie, die ich gemacht hatte. Darüber freut er sich wie ein kleines Kind.

„Wie du das nur alles machst", sagt er.

Er hört beim Fernsehen nichts. Ich rate ihm: „Nimm doch die Kopfhörer." Er geht zum Fernseher und nimmt sich den kleinen Adapter für die Hörer und steckt ihn ins Ohr. Ich sage ihm, dass das falsch sei.

Er antwortet: „Das weiß ich doch, ich wollte ja nur mal sehen."

Ich schließe alles an, und er kann hören und strahlt. „Du bist eben ein Könner", sagt er.

Als ich ein anderes Mal auch fernsehen will, ist alles verstellt. Wo man nur drücken kann, hat er es getan. Inzwischen beherrsche ich alle Einstellungen aus dem Effeff, und bald ist alles wieder in Ordnung. Hat auch was Gutes.

Nach dem Abendbrot stelle ich zur großen Freude meines Mannes ein Eis hin. Kaum sind wir fertig, geht er in die Küche, und ich lausche, was er wohl wieder anstellt. Er kommt strahlend mit zwei Eis an.

„Wir hatten doch gerade eins."

„Du wirst aber vergesslich", sagt er, „das war gestern."

Ja, so ist das.

Mein Mann fragt mich heute, ob ich Geburtstag habe.

„Nein", sage ich. „Schatz, das ist doch schon zwei Monate her." Das war ihm wieder sehr peinlich. Ich sage zu ihm: „Der Tag ist schon richtig nur der Monat nicht."

Auf der Terrasse steht ein Kochtopf. Ich frage ihn, was der denn da macht? Aber die Frage kann ich mir natürlich sparen, denn „er" war es ja nicht. Nun möchte er draußen Radio hören. Er nimmt die Fernbedienung von der Jalousie.

„Damit kannst du nichts hören", sage ich zu ihm.

Er holt sich die Kopfhörer und murmelt: „Siehst du, damit höre ich auch nichts." Ich bringe ihm das Radio, und er ist zufrieden, etwas zu hören. Bedankt sich ganz lieb mit Küsschen.

Ich denke immer: Schön, dass er mich noch erkennt. Das wird für mich noch mal ein Schock werden, wenn er mich nicht mehr wahrnimmt. Draußen läuft er mit meiner Sonnenbrille rum. Ich sehe es, sage aber nichts. Muss nur aufpassen, wo sie dann bleibt, sonst ist sie auch noch weg.

Beim Mittagessen draußen sagt er: „Ich sehe das Essen gar nicht so richtig."

Ich antworte: „Es ist ja auch kein Wunder, du hast meine Sonnenbrille auf."

„Ach so. Wo ist denn meine Brille?"

„Da musst du wohl suchen."

Dann beim Fernsehen: „Ich höre nichts."

„Musst du die Kopfhörer aufsetzen."

Bin ich froh, so gute Nerven zu haben und zu meinem Schatz liebevoll sein zu können, wie er es verdient.

Mein Telefon im Büro geht mal wieder nicht, denn er hat es wieder ausgeschaltet. Da leuchtet halt auch ein kleines Lämpchen. Mal sehen, wie er reagiert, wenn ich die Tür abschließe.

„Schatz, komm doch bitte mal, die Terrassentür geht nicht mehr auf."

Er hat abgeschlossen und die Schlüssel, wie früher immer, auf die Lampe gelegt und das vergessen. Ich gehe mit. Da sehe ich, wie er immer wieder den Knopf der Jalousie drückt.

„Sieh mal, hier ist doch die Klinke. Damit geht die Tür auf."

„Hier ist auf einmal alles anders", bemerkt er.

Nun habe ich ja schon von fast allen Türen die Schlüssel entfernt, aber die von den Fenstern nehme ich nun auch an mich. Inzwischen habe ich eine große Büchse voller Schlüssel. Aber eine kann er immer noch zumachen, nämlich die Tür, die zur Kellertür führt und somit zur Katzenklappe.

Dort habe ich ein Handtuch um die Klinke gewickelt, damit die Tür nicht zufällt. Aber da ist er auch dahinter gekommen. Ich werde den nächsten Mann, der hier ins Haus kommt, bitten, die Tür auszuhängen.

Heute hat er eine neue Idee. Ich soll ihm die gesamte Tageszeitung ausdrucken.

„Also, das mache ich nicht. Wenn du dich umentschieden hast und doch wieder Zeitung lesen möchtest, dann werde ich sie wieder bestellen."

Er ist unzufrieden, weil er es nicht versteht, dass ich nicht alles ausdrucken will.

Jeden Abend bedankt sich mein Mann bei mir für alles, was ich den ganzen Tag für ihn mache. Er hat große Angst vor dem Alleinsein, weil er nichts mehr kann: Geld, Essen, Einkaufen … Er bemerkt das immer öfter.

Heute sind Handwerker da, um das Haus äußerlich zu renovieren. Ich sage ihnen, was mit meinem Mann los ist, und sie sollten nicht böse sein, wenn er was sagt, was ihnen nicht gefällt. Mein Mann ist sehr aufgeregt. So viele fremde Männer im Garten.

„Was machen die?"

Ich erkläre es ihm und sage, die hätten einen Auftrag und wüssten genau, was sie machen müssen.

„Aber jetzt stehen sie rum und machen nichts", sagt er …

„Ganz ruhig, lass mich mal machen", antworte ich.

Dann tappelt er den Männern immer vor die Füße und durch die Farbe hindurch und wieder ins Haus. Erst als sie abends weg sind, wird er sichtlich ruhiger.

Mein Sohn kommt wieder zu Besuch. Er kommt nachts an. Als mein Mann morgens zum Frühstück kommt und ihn sieht, beschwert er sich, ich hätte ihm ja gar nichts gesagt.

„Aber ja, Schatz, eine Woche lang jeden Tag."

Als mein Sohn später im Garten Unkraut zupft, fragt mein Mann mich, wie lang der Mann denn noch bliebe.

Ich sage: „Was soll das, Schatz, so benimmt man sich nicht. Sieh mal, er hilft hier, wo er nur kann."

Diese Zurechtweisung macht ihn böse. Er werde einen Anwalt fragen, ob der hier machen könne, was er wolle. Da merke ich, dass er wieder total verwirrt ist. Er geht zu meinem Sohn und bittet ihn, auf die Terrasse zu kommen. Er sagt, wenn jemand im Haus ist, möchte er wissen, wie lange derjenige bleibt.

Ist das alles peinlich. Doch mein Sohn bleibt ganz ruhig und antwortet freundlich, sodass mein Mann sich wieder beruhigt. Am Abend fragt er meinen Sohn, ob er auch Schweizer ist, ob seine Mutter und Vater in Berlin wohnen würden? Wir sehen uns beide an …

Ich sage: „Aber, Schatz, er ist doch mein Sohn!"

„Aber das hast du mir noch gar nicht gesagt."

Oje, was soll ich da sagen? Nun wissen wir auch, warum er im Garten so befremdet reagiert hat. Als mein Sohn wieder nach Hause fliegt, verabschiedete mein Mann ihn so herzlich und liebevoll wie immer. Da ist er wieder klar.

Hapi hat einen Zahnarzttermin. Ich habe ihm einen besorgt, weil er Zahnschmerzen hatte. Seit heute früh macht er mich verrückt, wann er gehen muss. Dann kommt er mit Tränen in den Augen zu mir und fragt: „Kommst du mit?"

Das tut mir sehr weh. Er, der immer so starke zuverlässige Mann, ist wie ein kleines Kind. Fast hätte ich auch geweint.

„Natürlich komme ich mit, wie gehen nach dem Essen zusammen los. Dann machen wir einen Spaziergang, und ich bringe dich bis zur Treppe. Da ich ja im E-Mobil fahre und die Treppen nicht laufen kann, warte ich unten. Du gehst dann hoch, steigst in den Fahrstuhl, und der hält direkt beim Zahnarzt in der Praxis."

Vor der Treppe angekommen, sagt er, zurück käme er allein. Na, hoffentlich geht das gut, denn er war zwei Jahre nicht aus dem Haus. Ich rufe beim Zahnarzt an und bitte ihn, mir Bescheid zu geben, wenn er die Praxis verlässt.

Als er zurückkommt, ist er ganz aufgekratzt. Sicher, weil er es hinter sich hatte und wieder zu Hause war.

Ein paar Tage später kommt mit der Post erneut ein Zahnarzttermin. Letztens wurde nur alles angesehen und Termine gemacht. Nun soll Zahnstein entfernt werden. Ich begleite ihn wieder. Kaum sind wir aus dem Haus und über die Straße, fragt er mich, ob wir nun nach Hause gingen?

„Nein, wir gehen doch zum Zahnarzt", sage ich. Das hatte er schon wieder vergessen. Aber alles geht gut, wie beim letzten Mal.

Am Nachmittag sieht er sich den Behandlungsplan an.

„Was soll ich denn noch mal da, ich war doch heute beim Zahnarzt? Ich gehe da nächste Woche nicht mehr hin."

Eine halbe Stunde erkläre ich ihm in aller Ruhe, dass die Behandlung noch nicht fertig ist, dann gebe ich es auf, ich kann nicht mehr. Er will immer wissen, wann der Zahnarzt käme? Er würde ihn nicht ins Haus lassen. Ich solle den Termin absagen.

Ich lasse es jetzt mal so und denke: Einen Tag vor dem Termin versuche ich es noch einmal, und wenn es nicht klappt, sage ich eben den Termin ab. Die Haushaltshilfe hatte das Ganze von der Küche aus mitgehört und sagt, ich hätte aber viel Geduld, das könnte sie nicht. Nun bekommt sie erst mit, wie schlimm es um ihn steht, denn so viel reden hat sie ihn lange nicht gehört. Den Termin brauche ich dann nicht abzusagen, ich kann ihn überzeugen, dass wir wieder zusammen hingehen. Nun ist alles erledigt.

Mein Sohn ruft an, und mein Mann deutet an, ich solle auflegen. Dann geht er raus und klingelt Sturm. Dann droht er, er würde den Stecker rausziehen. Ich sage zu meinem Sohn: „Ich werde erst mal auflegen, er will nicht, dass ich telefoniere." Mein Sohn kennt ja die Situation, versteht es und ist nicht sauer. Ich zeige meinem Mann, wie ärgerlich ich darüber bin.

„Wenn du wieder hinfliegen willst, dann sag es." Immer wieder fragt er: „Willst du hinfliegen?" Er habe ja gar nicht gesagt, dass ich auflegen solle.

Oh Mann, ist das sch… Er kann nicht allein bleiben, und ich will mal wieder zu meinen Kindern. Wie soll das nur weitergehen?

Heute wird mein Mann 88 Jahre alt. Er hat es vergessen. Ich decke ihm einen Geburtstagstisch. Er freut sich riesig und ist aufgekratzt wie ein kleines Kind. Ich habe ihm seine Lieblingstorte gebacken. Sonst habe ich ihm immer Bücher gekauft, aber er liest jetzt auch nicht mehr.

Abends haben wir einen heftigen Streit. Es ist blöd von mir, darauf einzugehen, denn ich weiß ja, er kann nichts dafür, aber meine Nerven liegen doch manchmal blank. Auf dem Kalender steht „Besuch", und er weiß wieder einmal nichts davon. Er will die Haustür schließen, ich könne gehen … Dabei kann er ja nicht allein leben, aber in solchen Momenten weiß er es nicht. Wäre er nicht immer so lieb und zuvorkommend zu mir gewesen – und auch jetzt noch, wenn er nicht gerade so einen Anfall hat –, dann wäre ich am liebsten weggelaufen. Aber wieder sage ich mir: Er weiß nicht, was er sagt.

Er war einmal ein Mann, der sich über seinen Geist definierte.

Ohne sich zu verabschieden, geht er ins Bett. Als ich später komme, wird er wach und springt sofort aus dem Bett, um mir bei den Kompressionsstrümpfen behilflich zu sein. Er weiß wieder von nichts mehr.

Ja, so ist das immer. Ich kann ihm nicht böse sein. Wenn er sich dann bei mir ankuschelt, schläft er schnell und ruhig ein. Dann streichle ich ihn noch ein Weilchen, und er tut mir so leid, weil ich manchmal mit ihm schimpfe, weil er so unbeholfen ist und launisch – so, wie er ja gar nicht sein will.

Mein Sohn ist wieder zu Besuch. Ich mache meinem Mann den Fernseher an, den er nicht mehr anschalten kann, und wir gehen in die Küche, Abendessen machen.

Da steht mein Mann auf einmal, mit beiden Händen in die Hüften gestemmt, da und schaut mit einem seltsamen Blick zu uns. Wer weiß, was in seinem Kopf gerade wieder vorgeht. Ich habe das Gefühl, er sieht in meinem Sohn nur einen Mann und erkennt ihn nicht.

Als ich ins Bett gehe, mein Mann geht ja schon immer nach dem Abendessen, liegt mein Bettzeug am Boden??? Dann steht er auf, geht ins Wohnzimmer, weil dort noch Licht brennt, und fragt meinen Sohn: „Was machst du hier? Geh ins Bett!"

Am nächsten Morgen ist mein Schatz wieder lustig und weiß vom Abend nichts mehr. Das ist, als ob sein Gehirn sich in der Nacht erholte. Als mein Sohn wieder abfährt, ist mein Mann recht traurig und hat Tränen in den Augen. Er solle doch recht bald wiederkommen. Ich weiß ja, dass er ihn liebt, denn er sagte einmal in seinen normalen Zeiten, mein Junge wäre ein Sohn, den er mit mir zusammen hätte haben wollen. Der wäre so gut erzogen.

Das Jahr 2013

Silvester ist vorbei. Es war sehr einsam für mich. Mein Mann ging wieder zeitig ins Bett. Bis vor zwei Jahren brachte er noch seine ganze Liebe und Fürsorge mir gegenüber zum Ausdruck. Vergangenes Jahr noch ein wenig davon, aber heute wollte er nur noch schlafen gehen. Es war für ihn ein Tag wie jeder andere.

Ich schaute zum Feuerwerk und dachte: Was wird es wohl dieses Jahr geben, werde ich es noch weiterhin mit ihm schaffen? Aber wäre er an meiner Stelle, er würde ebenso für mich da sein. Das weiß ich, und das macht mich stark.

Ich bin im Büro und mache Buchhaltung. Mein Mann kommt und fragt, wann es Mittagessen gibt?

„Aber, Schatz, wir haben doch erst gefrühstückt."

Das Gleiche alle zehn Minuten. Ich sage: „Komm, setz dich doch neben mich und schau ein bisschen zu."

Aber daran hat er kein Interesse mehr.

„Wenn du nicht kommst, mache ich eben Mittagessen", droht er.

Ich muss lächeln. Inzwischen hat er eine Beschäftigung gefunden. Er sitzt am Fenster und schaut den Himmel an. Er kommt immer wieder zu mir und sagt mir, wenn eine Spur vom Flugzeug zu sehen ist oder wie es verschwindet. Als ich dann endlich in die Küche gehe, sitzt er mürrisch da.

Nach dem Essen ist die Welt wieder in Ordnung. Ich bleibe dann lange Zeit bei ihm sitzen. Er macht sein Schläfchen, und als er wach wird und Kakao und Kuchen stehen vor ihm, strahlt er übers ganze Gesicht. Kaum aufgegessen, vielleicht eine Stunde später, fragt er nach dem Abendessen.

„Aber noch nicht jetzt schon, Schatz, wenn es soweit ist, gehe ich in die Küche."

Dann geht er wütend in die Küche und hantiert da rum. Findet aber wohl nichts.

Als ich dann später Essen machen will, sagt er, jetzt wolle er auch nicht mehr.

„Ist gut", sage ich und geh wieder ins Wohnzimmer.

Dann wurde er unruhig. „Wir könnten ja noch was essen", murmelt er dann.

„Ja, von mir aus", antworte ich und mache ihm sein Essen. Als beim Fernsehen die Kopfhörer leer sind, bin ich natürlich schuld, und er geht ärgerlich ins Bett. Das Schlimme ist, ich schlafe mit diesem Ärger ein und wache auch so wieder auf, während mein Mann dann wieder morgens übers ganze Gesicht strahlt und alles vergessen hat.

Heute kommt mal wieder nach langer Zeit sein Sohn. Mein Mann erkennt ihn nicht.

Sein Sohn merkt es wohl und grinst nur. An seiner Stelle hätte ich ja gesagt: „Vater, ich bin es, dein Sohn." Ich denke mal, nun werden die Besuchsabstände noch größer.

Als er weg ist, frage ich meinen Mann: „Sag mal, wer war denn das eben?" Da sagt er, den Namen wüsste er nicht mehr, aber es sei ein alter Bekannter von früher gewesen.

Heute ist er sehr entspannt und bedankt sich mal wieder für all meine Mühe und wie glücklich er ist, mich zu haben. Schön, mal wieder solche Momente erleben zu dürfen. Das ist gut für meine Nerven. Wenn er mal wieder so anders ist, muss ich lernen, es nicht so an mich ranzulassen. Aber leichter gesagt, als getan.

Am nächsten Morgen stellt er sich an mein Bett. Sein Blick sagt mir, dass er wieder nicht bei sich ist.

„Sag mal, du bist doch meine Frau. Weißt du, wie lange wir schon verheiratet sind?"

Ups, denke ich, nun geht es los. Ich sage ihm, wie lange. Dann sagt er: „Kannst du beweisen, dass du meine Frau bist?"

„Ja, sicher kann ich das. Aber du kannst ja nach dem Frühstück mal selbst in deinem Büro nachsehen, und dann siehst du es."

Dann will er so vieles wissen: Ob ich seinen Vater kenne, wie er hierhergekommen ist, woher ich komme, ob meine Eltern noch leben, wie viele Kinder er hat und wo die wohnen? Ich sage: „Schatz, geh dich erst mal rasieren und deine Zähne putzen, dann ziehe ich dich an, und beim Frühstück erzähle ich dir alles."

Er sagt, er habe eine so große Lücke im Kopf, und die wolle er schließen.

Das ist so schlimm, mein armer Liebling. Er tut mir so leid. Ein ständiges Wechselbad der Gefühle – von launisch und aggressiv bis zu glücklich und lieb.

Heute bin ich sehr abgespannt und müde und lege mich über Mittag hin. Kaum bin ich raus, macht er den Fernseher bis zum Anschlag laut. Ich stopfte mir die Ohren zu. Nach einer Stunde gehe ich zu ihm zurück.

„Warum hast du es denn so entsetzlich laut, du kannst eh nichts verstehen? Das ist doch rätoromanisch."

„Nein, das ist deutsch", sagt er. „Da steht doch alles in Deutsch."

„Na eben, weil sie räteromanisch reden, und deshalb kannst du es ruhig leiser machen."

Er wurde wütend, und ich aber auch, was mir so leidtut. Aber er provoziert mich unbewusst immer, weil er mich nicht ausreden lässt und immer weiterredet.

Mein Mann geht ins Bett.

„Bleib doch", sage ich noch, aber er geht schmollend schlafen. Kurz vor dem Abendessen werde ich ihn holen, wenn er will. Meine Nerven ...

Nach zwei Stunden kommt er dann zum Essen, gut gelaunt, und alles ist vergessen. Er freut sich über das schön angerichtete Essen und bedankt sich bei mir für alles, was ich am Tage für ihn gemacht habe.

Am nächsten Morgen kommt mein Mann mit meinem Bettbezug in die Küche und bittet darum, ich solle ihm doch bitte helfen, er wisse nicht, wie er das anziehen soll.

„Geh schon mal ins Schlafzimmer, ich komme gleich. Das ist doch mein Bettbezug, den du hier anziehen willst."

Da lacht er und meint: „Du machst immer so tolle Witze."

„Ja, Schatz, ich weiß."

Nun ziehe ich ihn an und bringe ihn noch ins Bad zum Zähneputzen und zum Rasieren. Er kommt wieder in die Küche und sagt, er fände den Rasierapparat nicht. Ich gehe wieder hin, es fällt mir immer schwer mit meinen beiden Krücken.

„Sieh mal, Schatz, das ist der Apparat!"

Ich bleibe aber noch stehen und warte, ob er auch weiß, wie er angeht.

So, fertig, wir können frühstücken.

Dann kommt ein Anruf, und ich erfahre, dass mein Bruder gestorben ist. Meinen Mann stört schon wieder das Telefonieren, und er zieht den Stecker raus. Wegen meiner Trauer reagiere ich ärgerlich. Aber was soll's, ich kann es ihm ja eh nicht erklären.

Spät am Abend dieses Tages kommt mein andere Sohn ohne Familie zu Besuch. Das freut mich besonders, denn so habe ich ihn mal wieder allein für mich. Er bringt mir einen neuen PC mit, und das bedeutet Arbeit. Meinen Mann stört es, dass wir nicht sofort ins Bett gehen. Laufend kommt er ins Büro.

Mein Sohn und ich sehen noch länger fern, weil die Datenübertragung am PC noch läuft. Aber ich bleibe ja normalerweise immer länger auf, weil mein Mann ja schon um neunzehn Uhr spätestens ins Bett geht. Ich glaube, er weiß wieder nicht, wer mein Sohn ist und sieht nur den fremden Mann, wie letztens bei meinem anderen Sohn.

Als wir dann ins Bett gehen, merke ich schon, wie mein Mann innen an der Klinke hängt. Er kommt mir entgegen mit Pyjamaoberteil und Unterhose auf dem Kopf. Es wäre fast zum Lachen, wenn die Situation nicht so ernst wäre.

„Komm sofort rein", ruft er und zerrt an mir.

„Ich komme ja, nur langsam."

Er schubst mich, ich stolpere, er reißt mir eine Krücke aus der Hand, und ich falle fast. Er schließt die Tür zu, und da werde ich wütend. Er ist sehr böse und schlägt mir mit der Krücke an meine schlimmen Beine. Er will meine Krücke aus dem Fenster werfen, und da haue ich mit meiner anderen Krücke auf seine Hand.

Ich sage: „Gib sofort den Schlüssel her, oder ich rufe Heiko, dass er die Tür eintritt."

„Ach, so heißt der? Ist ja interessant!"

Dachte ich es mir doch, er erkennt ihn nicht und denkt, ich habe einen Freund da. Ich humpele mit der einen Krücke zur Tür und rufe Heiko: „Trete bitte die Tür ein, und ruf die Polizei."

Da schließt mein Mann die Tür auf. Ich nehme den Schlüssel an mich und sage: „Ich rufe nun die Polizei."

Mein Sohn rät mir, mich zu beruhigen und schlafen zu gehen. Ich glaube, er hat den Ernst der Situation nicht erkannt – dass mein Mann dachte, ich hätte einen fremden Mann im Haus. Er sieht ihn ja auch nur selten und kann das nicht so einschätzen. Mein Mann scheint sich wieder zu beruhigen. Mein Sohn geht wieder nach oben zum Schlafen.

Als ich mich zurück ins Zimmer drehe, zielt mein Mann mit seiner Waffe auf mich. Was nun? Wenn ich aus der Tür gehe, schießt er mir dann in den Rücken? Äußerlich ganz ruhig, gehe ich zu meinem Bett und lege mich hin. Eine Stunde hatte ich den Lauf im Rücken, und dann schläft er fest ein. Völlig nass geschwitzt, komme auch ich zur Ruhe. Die Pistole aus seiner Hand zu nehmen, traue ich mich nicht, es könnte ja ein Schuss losgehen.

Am nächsten Morgen ist mein Mann wieder „normal". Er begrüßte meinen Sohn ganz freundlich und weiß auch wieder, wer er ist. Aber mir steckt noch der Schreck in den

Gliedern. Ich habe die noch drei vorhandenen Waffen eingesammelt. Mein Sohn meint: „Lass lieber noch seine Pistole liegen, solange ich da bin, sonst denkt er, ich habe sie und dreht durch. Wer weiß, wo er sonst noch Waffen hat."

„Ich werde einen Freund von uns anrufen und ihn bitten, dass er die ganze Munition entfernt. Wenn wir wieder allein sind und er mal so einigermaßen klar ist, werde ich versuchen, mit ihm darüber zu reden. Ich hätte doch die Polizei holen sollen."

Zu allem Übel ist seit gestern meine Brille weg, und mein Sohn ist wieder auf dem Weg nach Deutschland.

Im Moment kann ich meinen neuen PC so gar nicht auskosten, und Freude kommt auch wenig auf, weil alles durch den Gesundheitszustand meines Mannes überschattet wird. Manchmal bewundere ich selbst meine Kraft und Stärke. Allerdings glaube ich auch, dass es eines Tages nicht mehr ohne fremde Hilfe gehen wird, ich will mich selbst nicht vergessen. Ich weiß nicht, ob diese körperlichen Attacken, wenn auch unbewusst, diesen Zeitpunkt in greifbare Nähe gerückt haben.

Meine Ärztin sagt mir, auch wenn es mir schwerfalle, aber meinem Mann wäre wirklich nicht geholfen, wenn ich mich selbst nicht mehr rühren könne. Ich solle mich nicht vollkommen aufgeben, darin sieht sie die große Gefahr. Ein Außenstehender kann da immer gut raten, aber ich muss es mit meinem Gewissen vereinbaren können.

Beim Frühstück erzähle ich meinem Mann vom Tod meines Bruders. Er ist sehr traurig und nimmt mich in den Arm. Als ich ihm dann aber erzähle, dass er den Stecker gezogen hatte, damit ich nicht weiter telefonieren konnte, sagt er zu mir: „Wenn du wieder normal geworden bist, komme ich wieder." Und er geht raus. Nach fünf Minuten kommt er wieder, und das Thema ist vergessen.

Ein Anruf vom Arzt. Mein Mann fragt immer wieder, was die wollen, ob sie herkämen? Er macht einen ganz gehetzten Eindruck. Er bemerkt vielleicht, dass mit ihm etwas nicht stimmt und er abgeholt werden soll oder Ähnliches. Als ich mehrmals sage, dass niemand kommt, beruhigt er sich wieder.

Heute kommt wieder einmal eine Rechnung. Als ich sie mit ins Büro nehmen will, ist sie weg.
 Ganz erbost sagt er: „Ich habe sie nicht." Also mache ich mich auf die Suche in seinem Schrank. Meine Brille, die ich schon lang suche, finde ich leider nicht, aber dafür die Rechnung zwischen seinen Büchern und noch ein Schreiben vom Gemeindehaus.
 Er fragt mich, woher er den dunkelblauen Fleck an seiner Hand habe? Er kann sich nicht erinnern, sich gestoßen zu haben. Ich überlege, ob ich es ihm sagen soll. Dann erzähle ich ihm von dem Vorfall im Schlafzimmer, wo ich mich mit der Krücke wehren musste. Diesmal beschimpft er mich nicht, sondern ist sehr nachdenklich und schaut ganz traurig. Dann meint er, so könne ich doch nicht mit ihm leben. Er kann ja niemand mehr ins Haus lassen, wenn das die Leute wissen ... Ich sage ihm, es wäre besser, die Pistolen wären weg, denn beim nächsten Mal würde ich die Polizei rufen.

Die Pistolen bleiben, sie sind sein Leben. Er versteht es natürlich nicht. Am Abend schaut er sehr böse vor sich hin. Was wohl in seinem Kopf vorgeht?

Der Bankberater hat sich wieder angekündigt. Mein Mann bleibt ganz ruhig, ich solle alles mit dem Mann besprechen. Der Mann von der Bank sagt mir, er träfe sich mit einem Bekannten, der sich mit den Rechten der Angehörigen von Demenzerkrankten befasst. Er bietet mir seine Hilfe an und wird mir dann Bericht erstatten. Wenn etwas mit meinem Mann passieren sollte, würde ich ja auch die Tochter kennenlernen müssen. Auch hier wird er mir zur Seite stehen, weiß er doch von meinem Mann, was für ein Charakter sie ist, wie sie sich beim Tod der Mutter ihm gegenüber verhalten hat.

Mein Mann bat ihn zu seinen gesunden Zeiten, mir zu helfen, wenn es an der Zeit wäre. Die beiden Männer hatten ein gutes Verhältnis zueinander. Mein Mann machte sich große Sorgen um mich, was passieren würde, wenn er mal nicht mehr wäre. Es ist schön zu wissen, von anderen Hilfe angeboten zu bekommen.

Ich möchte, dass mein Mann draußen auf die Terrasse geht und sage zu ihm: „Schau doch mal bitte, wie viel Grad wir haben." Er legt das Thermometer auf die Fensterbank und sagt nach einer Weile, dass wir null Grad hätten.

„Aber, Schatz, das kann doch nicht sein."

Er zeigt mir zum Beweis das „Thermometer", das aber leider sein Taschenrechner ist. Da lacht er und sagt: „Na, weißt du denn nicht, wie das geht? Du brauchst doch nur die Null zu drücken, dann siehst du, wie kalt es ist."

Wie kann ich auch so dumm sein. Er ist völlig überzeugt, dass das so funktioniert.

Mein Mann möchte mir was Gutes tun. Er fragt mich, was er mir bringen kann. Er ist enttäuscht, als ich ihm sage, dass ich nichts brauche.

„Also gut, bring mir bitte eine Orange."

„Wie sieht die aus?"

Ich zeige mit den Händen eine Kugel und nenne die Farbe Orange. Sagt er doch zu mir: „Ich wollte ja nur wissen, ob du es weißt." Schlaumeier, er dreht es einfach um. Manchmal weiß er sich zu helfen, um nicht dumm dazustehen. Er bringt mir einen klein geschnittenen Apfel, und ich bedanke mich.

In der letzten Zeit fragt er mich immer wieder, in welches Bett er müsse, wo er reinrutschen dürfe oder ob das Bett am Fenster meins wäre? Dann will er wissen: „Wie heißt die Straße vor unserer Tür?"

Wenn ich es ihm sage, meint er, ob ich mir sicher wäre? Nicht dass ich mal nicht nach Hause fände …

Ich stelle meine Wasserflasche in der Küche auf den Tisch und sage: „Die kannst du mir bitte mitbringen, wenn du ins Wohnzimmer kommst." Er kommt natürlich ohne Flasche. Erstens will ich, dass er kleine Aufgaben übernimmt, und außerdem möchte er mir ja immer Gutes tun. Jetzt geht es los: Er bringt mir ein Honigglas, das Ofenspray, ein leeres Glas …

Ich gehe selbst. Das ärgert ihn, aber ich bin schuld, dass ich nicht gleich nach einer Wasserflasche verlangt habe!

Mein Mann kommt mit dem Ehering aus seiner ersten Ehe und sagt, der Ring wäre ihm zu klein. Ich sage ihm, dass das ja auch sein alter sei.

„Wo ist denn der neue?"

„Da musst du suchen."

Ein paar Minuten später kommt er wieder mit dem Ring und fragt: „Ist das unserer?"

„Nein, das ist doch der, den du eben schon mal brachtest."

Ich zeige ihm wie meiner aussieht.

Er geht wieder los, und er kommt wieder mit dem alten … Das Spielchen geht sicher acht Mal. Ich nehme den Ring weg und sage: „Nun bleibt der hier, und du kannst weitersuchen." Dann kommt er mit einer Armbanduhr und fragt, wem die gehöre.

„Das ist doch meine, wo hast du sie her?"

Er habe sie aus einem Schmuckkasten. Zum Glück zeigte er sie mir, sonst hätte ich sie ebenso wie meine Brille suchen müssen. Ich kann meine Augen nicht überall haben.

Zum Abendessen kommt mein jüngster Sohn. Da Ostern ist, bringt er Ostereier mit und für meinen Mann eine Zigarre. Er hat sich riesig gefreut und hat sie auch gleich geraucht. Da ist er wieder, der fast neunzig Jahre alte Dreijährige. Trotzdem fängt er wieder an zu stänkern.

„Wie lange bleibt ‚der' noch?"

Schon wieder hat er vergessen, wer der Mann ist, der hier rumläuft. Mein Sohn sagt aber, er würde ihm das nicht übelnehmen. Ich bringe meinen Mann ins Bett und dann unterhalten wir uns viel über ihn.

Ich sage: „Diesmal geht es ja so einigermaßen mit ihm, oder?"

„Naja …", antwortet mein Sohn.

„Wieso, was ist denn?"

Dann sagt er mir, dass mein Mann oben bei ihm das Toilettenpapier versteckt hat, seinen Pullover verknotet und seinen Rucksack vor die Tür gestellt hat.

Mir tut das weh, denn das verdient mein Sohn nicht. Er ist immer so fleißig und hilfsbereit – auch hier. Andererseits müssen wir über diese Einfälle auch schmunzeln. Was kommt noch alles, werde ich es aushalten? Als mein Sohn wieder nach Deutschland fliegt, ist mein Mann sichtlich erleichtert, dass er mich nun wieder für sich allein hat.

Heute sind unsere Freunde mal wieder zu Besuch, und ich bin froh, vernünftig reden zu können. Ich bringe meinen Mann ins Bett, und nach einer Stunde wandert er wieder durchs Haus. Ich hatte ihm den Schlafanzug angezogen, und nun ist er wieder in Unterwäsche. Er denkt, es ist Morgen. Ich ziehe ihn wieder aus und gehe auch früher ins Bett, damit er zur Ruhe kommt. Wenn er seinen Kopf zu mir legt und ich ihn streichele, schläft er ganz ruhig ein.

Am heutigen Tag ist wieder meine Sonnenbrille dran. Mit ihr läuft er den ganzen Tag auch in der Wohnung herum. Ich frage mich, was er damit überhaupt sieht? Ich wundere mich, wieso er so komisch läuft? Er hat zwei rechte Hausschuhe von mir an. Wenn er so zeitig schlafen geht, macht er immer alle Fensterläden zu. Jeden Tag muss ich ihm erklären, dass es noch heller Tag ist und er sie bitte auflassen möchte.

Ich muss mal wieder aus dem Haus, ich bleibe aber nicht lange, denn sonst habe ich Angst, dass er was anstellt. Aber es ist so schönes Wetter. Aber daraus wird nichts, denn mein E-Mobil ist mal wieder leer, weil er den Stecker gezogen hat. Nun reicht es mir, und ich nehme auch diesen Schlüssel an mich. Muss es auf morgen verschieben.

„Hasi willst du ein Bier?“
„Nein, danke, ich trinke doch kein Bier.
Zwei Minuten später.
„Hasi willst du ein Bier?“
„Nein, danke, ich trinke doch kein Bier.“
Wieder eine Minute später dasselbe.
„Neiiiin!!!“
Kurze Zeit später wieder die gleiche Frage. Mensch, neiiiin, merk es dir doch endlich! Ich rufe mich zur Ruhe auf und sage höflich: „Gieß mir bitte ein Glas Milch ein!“, und der Kreislauf ist unterbrochen.

Ich will damit nur sagen, wie leicht es doch manchmal ist, dem Problem ein Ende zu machen, ohne wütend zu werden. Heute werden meine Nerven auf die Probe gestellt.

„Weißt du, wo meine Latschen sind?“
„Die hast du unter dein Bett geschoben.“
„Hasi, wo sind denn meine Latschen?“
Ich gebe ihm einen Besen und zeige ihm, wie er sie hervorholen kann. Super, nun ist er beschäftigt. Nach kurzer Zeit stehen seine Latschen im Wohnzimmer und er läuft wieder mit meinen rum. Ich sage nichts mehr dazu.

Zur Kaffeezeit hat er auf der Terrasse Kakao und Milch ausgeschüttet. Er ist traurig.

„Schatz, ist doch gut, ich wische es weg und du holst inzwischen neue Milch.“

Nach langer Zeit kommt er mit zwei tiefgefrorenen Brötchen wieder. Ich gehe selbst in die Küche. Als ich zurück bin, gebe ich ihm einen Kuss und sage: „So, mein Schatz, nun können wir essen."

Da sagt er, ich müsse mir einen anderen Mann suchen.

Darauf ich: „Sag doch nicht sowas, ich will dir doch helfen, und wir schaffen das schon."

„Ich habe dich gar nicht verdient", sagt er.

„Dann wäre ich doch nicht bei dir, du bist so lieb und hast verdient, dass ich bei dir bleibe."

Bin später mit meiner Krücke auf dem nassen Boden ausgerutscht und in die Blumenkübel gefallen. Ich lag inmitten der ausgekippten Erde. Mein Mann erschrickt natürlich heftig. Da meine Knie kaputt sind, kann ich nicht alleine aufstehen.

„Bitte bringe mir das Telefon."

Er kommt mit der Fernbedienung zurück. Aber dann klappt es, und ich bekomme das Telefon. Ich habe viele Prellungen, Schürf- und Kratzwunden, sonst aber nichts gebrochen. Der Rettungswagen kommt, und ruck, zuck stehe ich auf den Beinen. Mein Mann bedankt sich bei den Männern und ist so froh, dass ich nicht mitmuss. Na, das wäre ja schlimm, denn allein kann er ja nicht bleiben.

Ich bekomme einen Anruf einer Bekannten. Das Gespräch dauerte ihm zu lange, und er weiß nicht, wer dran ist und will wieder den Stecker ziehen. Ich werde sauer, und er traut es sich dann doch nicht. Er meint: „Es ist unverschämt, so lange zu telefonieren, die Sau, die ..."

Oh, Mann, ich bin so erschrocken, denn so etwas hatte ich früher nie von ihm vernommen. Aber meine Bekannte hat es gehört. Aber sie weiß ja von seinem Zustand und nimmt es hoffentlich nicht übel.

Dann fängt er an, alle Fensterschlüssel zu verstecken. Zum Glück sehe ich es.

„Lass die bitte stecken, sonst suchen wir die auch noch." Nach kurzem Brummen gibt er sie mir in die Hand. Ich habe inzwischen eine Kiste voller Schlüssel.

Heute ist er extrem schlecht drauf. Der Gärtner kommt, um einige Schäden nach dem Sturm zu richten. Mein Mann läuft gereizt auf die Terrasse und will wissen, was wir so alles reden? Ich sage nur: „Setz dich doch zu uns und höre zu." Er greift den Gärtner verbal an, was er denn so alles hier mache. Ich bitte ihn, ruhig weiterzuwerkeln. Als er dann in den Keller geht, um Werkzeug zu holen, höre ich, wie mein Mann ihm unmissverständlich und sehr laut befiehlt, zu gehen. Als ich dann endlich mit meinen Krücken bei ihnen bin, sage ich: „Es hat heute keinen Sinn, wir probieren es morgen wieder."

Ich bereitete das Essen vor und gehe noch an den PC. Mein Mann kommt und fragt, ob er nichts zu essen bekäme?

„Ich komme gleich, das Essen ist fast fertig." Als ich in die Küche komme, sehe ich, dass er schon wieder den Herd ausgemacht hatte.

„Ja, Schatz, so klappt das mit dem Essen nicht. Geh bitte nicht an den Herd."

Am Abend bedankt er sich wieder bei mir, wie fast täglich, für alles, was ich für ihn mache. Er holt aus dem Keller eine Flasche Wein, und wir setzen uns auf die Terrasse. Es ist ein sehr schöner Abend mit meinem Hapi. Wir kuscheln auf der Gartenschaukel, und ich denke, das wird sicher der letzte Abend dieser Art sein.

Und es ist schnell wieder vorbei. Er gibt mir einen Zettel, früher hätte da etwas Liebes draufgestanden. Aber ich kann nichts lesen, außer „an Hasi", und der Rest der Buchstaben ist ein einziges Durcheinander.

„Les ihn mir doch bitte vor, Schatz."

Aber er kann es auch nicht lesen. Aber da dort „Hasi" stand, muss es etwas Liebes gewesen sein.

Unser Freund hat Geburtstag, und weil wir nicht zu Ihnen können, kommen sie zu uns und bringen Torte mit. Mein Mann bringt zum Ausdruck, dass er wieder mal nichts von den Gesprächen mitbekommt. Ich sage ihm, er solle doch sein Hörgerät holen. Aber er findet es wieder nicht. Er bringt die Wetterstation und zeigte sie Benni und meint: „Es geht nicht, ich höre nichts."

Wir schmunzeln etwas. Dann bringt er den Ehering und schiebt ihn hin und her.

„Es geht auch nicht."

Benni ist total perplex und kann nicht fassen, was Hapi eben sagte. Ich hole ihm sein Hörgerät und setze es ihm ein. Hapi nimmt es wieder raus. Es gefällt ihm nicht.

„Ja, so ist das, Benni! Da nützt auch kein neues Gerät was, denn es kann nur den Ton verstärken, aber nicht den Geist."

Trotz allem haben wir einen schönen Tag, und auch mein Schatz scheint glücklich zu sein. Unsere Freunde verehren ihn sehr und sind traurig, was aus ihm geworden ist. Sie sagen auch, er hat eine Frau wie mich verdient, die sich so um ihn kümmert.

Hapi stellt heute fest, dass die Flugzeuge anders fliegen als sonst. Er will mal mit dem Velo fahren und schauen, wo die Flugzeuge herkommen.

„Dein Velo hat keine Luft", sage ich. Ich kann es nicht zulassen, ihn allein fahren zu lassen. Wer weiß, ob er zurückfindet.

„Hier muss eine große Wiese sein, denn wo sollen die sonst auf einmal herkommen?"

Nicht einmal das weiß er mehr: dass der Flughafen nicht weit weg ist.

Im fällt etwas anderes ein, was er machen kann. Der Rasenroboter fährt, und er läuft hinterher und bringt ihn auf die Terrasse. Wieder einmal erkläre ich ihm, dass er das nicht tun soll, denn dann fährt er allein in der Garage, wenn er fertig ist. Dann tippt er an den Knöpfen rum, sodass ich ihn wieder neu programmieren muss. Als ich damit fertig bin, bringt er mir einen kleinen Eimer mit Kirschen. Er meint, ich könne davon einen Kirschkuchen backen.

„Das hast du aber prima gemacht, Hapi- Schatz. Aber bitte keine mehr abpflücken, das reicht erst einmal."

Die Kirschen sind nämlich noch nicht reif, aber wenn ich das sage, ist er beleidigt, weil er alle falsch macht.

Mir geht es beim Aufwachen sehr schlecht: Fieber, Schüttelfrost, Erbrechen … Ich bitte meinen Mann, allein zu frühstücken und mich einfach schlafen zu lassen. Ich registriere zwar, wie er völlig falsch angezogen ist, aber mir ist es egal. Aber er weiß nicht, was er machen soll. Immer wieder fragt er, wie es gehe und wann der Arzt käme. Ich sage ihm, wenn es am Nachmittag nicht besser wäre, würde ich den Arzt anrufen.

Obwohl ich ihn bitte, mich nicht ständig zu wecken, treibt ihn doch die Angst um mich immer wieder ins Schlafzimmer. Es hat keinen Sinn, ich finde keine Ruhe. Ich stehe kurz auf, gebe den Katzen Futter, stelle Hapi Weißbrotscheiben, Butter, Konfitüre und Messer hin und sage: „Bitte iss was. Kaffee gibt es heute nicht. Ich gehe wieder ins Bett."

Kaum bin ich im Bett, höre ich schon: „Wie geht es dir, willst du was essen, wann kommt der Arzt …?" Ich möchte bitte einfach nur schlafen, vielleicht geht es nachher besser.

Hapi läuft den Flur hin und zurück und dann wieder ins Schlafzimmer, und seine Fragen fangen von vorn an. Mir ist so schlecht, ich will doch nur schlafen! Dann sagt er, er würde jetzt den Arzt anrufen.

„Ja, mach das", sage ich, denn er kann es ja eh nicht. Das merkt er dann wohl und sagt, er würde jetzt die Polizei anrufen, denn einer müsse mir doch helfen.

Irgendwann lässt er von mir ab, und ich kann schlafen. Nach einigen Stunden weckt er mich und bringt mir einen Teller mit Apfelscheiben. Das ist so süß von ihm. Als ich wach werde, bemerkte ich, dass ich eine Wundrose habe. Nun sind die Ursachen klar.

Ich nehme Antibiotika, die ich für diesen Fall immer da habe.

„Komm her, mein Schatz, leg dich zu mir. Ich stehe gleich auf und komm mit ins Wohnzimmer."

Er muss schlimme Stunden durchgestanden haben. Sein Brot vom Frühstück steht noch immer auf dem Tisch. Zum Abend ist das Fieber fast weg, und mir geht es besser. Nun kann ich ihm etwas zu essen machen. Als er sein Essen hat, ist die Welt wieder in Ordnung, und er hat alles wieder vergessen.

Heute ist ein Tag, an dem ich ziemlich gereizt bin, denn er hat wieder so einige Dummheiten gemacht, und ich muss ewig alles wiederholen und so laut sprechen, was auch anstrengt. Da sagt Hapi doch: „Mir gefällt dein Ton nicht, such dir ein anderes Asyl." Obwohl ich ja weiß, dass er nicht mitkriegt, was er sagt, ist das schon hart. In solchen Momenten denke ich, ob er mich überhaupt erkennt? So habe ich mir mein Leben nicht vorgestellt. Aber es ist nun mal so, und ich werde immer für ihn da sein, denn er wäre es für mich ja auch.

Hapi steht morgens an meinem Bett und hat meine Creme, Feuchttücher und Bürste in der Hand.

„Was willst du damit? Kann ich dir helfen, Hapi?"

Mein Mann fragt nach etwas, womit er sich immer übers Gesicht fahren würde?

„Du meinst deinen Rasierer? Der liegt neben dem Waschbecken."

„Na, und wo?"

„Im Badezimmer, nicht im Gästeklo. Aber ich komme sofort und ich helfe dir." Da ich ja mit nur einer Krücke unsicher stehe, setze ich mich auf den Wannenrand und er sich auf den Stuhl, der ja schon deshalb dort steht, und ich rasiere ihn. Früher war er immer sehr gepflegt, hat sich zwei Mal pro Tag rasiert und gut geduftet. Es ist nicht zu fassen, was diese Krankheit aus ihm gemacht hat. Mein armer Schatz, gut, dass er es nicht mehr merkt …

Zum Abend wird er unruhig.

„Wo kann ich schlafen gehen?"

„In deinem Bett."

„Und wo ist das?"

„Im Schlafzimmer."

„In welchem?"

„Aber, Schatz, wir haben doch nur eins, gleich neben dem Badezimmer."

Er zieht los und ist gleich wieder da. „In welches Bett gehst du?"

„Am Fenster ist meins."

Ich versuche, ihm nicht immer sofort alles abzunehmen, damit er doch noch so einiges selbst ausprobiert. Ich gehe dann hinterher, um ihm beim Umziehen zu helfen, wenn er mich lässt. Aber das Bett hat er gefunden. Ich gebe ihm einen Gutenachtkuss, und Hapi strahlt übers ganze Gesicht.

„Du bist so lieb, was würde ich nur ohne dich machen?"

Es ist nicht einfach, nachzuvollziehen, was in seinem Kopf vor sich geht. Er weiß aber, dass er mich braucht.

Ich will mal sehen, was er am Herd begreift.

„Hapi, mache doch bitte die Herdplatte aus." Als ich nachsehe, sind der Backofen und alle Platten an. Also auch gefährlich. Dabei sehe ich dann auch, dass der Eisschrank aus ist … wieder einmal. Überkleben des Schalters hat also keinen Sinn, das macht ihn erst recht aufmerksam. Also hilft nur, ständig alles im Blick zu haben.

Mir geht es mal wieder nicht gut. Ich mache Hapi ein Mittagessen und lege mich ins Bett. Aber eigentlich kann ich es mir ja sparen, denn kaum hat er aufgegessen, ist er bei mir und fragt, ob er das Fenster schließen solle? Kaum eingeschlafen, bin ich also wieder wach.

„Nein", sage ich, „ich habe es doch extra aufgemacht."

Nach einer Stunde weckt er mich und sagt: „Schlaf ruhig weiter."

Ich gehe normalerweise nie mittags ins Bett, aber Hapi schläft immer eine Stunde. Genervt stehe ich auf und gehe in die Küche. Alles ist nass.

„Was ist passiert?"

„Ich war das nicht."

Ich muss lächeln, er ist wie ein kleines, schuldbewusstes Kind. Mit Küchenpapier und Stock mache ich, so gut ich kann, alles trocken. Scheint Brause zu sein. Hapi kommt in die Küche.

„Was machst du da?"

„Du hast wohl Brause ausgekippt. Soll ich dir neue eingießen?"

„Ich doch nicht ..."

Wie immer. Beleidigt geht er raus und macht im Vorbeigehen die Kellertür zu. Die, die immer aufbleiben soll wegen der Katzen. Es fühlt sich an, als mache er es aus Wut. Aber nun fällt mir ein, wie es geht. Ich mache die Tür auf, schließe das Schloss im offenen Zustand zu, und nun kann sie nicht mehr einrasten, und den Schlüssel nehme ich auch weg. Ich glaube, nun habe ich alle Schlüssel.

Ich bin im Bad mit der Krücke auf dem Bad-teppich ausgerutscht. Bin erst mit dem Rücken aufs Klo und dann mit dem Kopf draufgefallen. Überall versuche ich mich hochzuziehen, es klappt aber nicht. Zwei Stunden versuche ich, Hapi zu rufen. Aber er hört es ja nicht und macht auch Mittagsschlaf. Ans Telefon komme ich nicht, schaffe es aber, erst mal bis zu den Treppen im Flur zu rutschen. Dann kommt mein Mann und ist sehr erschrocken, er zittert vor Angst. Er schafft es, mir das Telefon zu bringen.

Zwei Männer von der Rettung stellen mich wieder auf die Beine.

Die schwere Stahltür zur Waschküche hat mein Schatz mal wieder zugemacht. Ich bitte ihn wieder, diese Tür aufzulassen, sonst würde die Katzenklappe doch nichts nützen.

Na, er war das doch nicht.

„Glaubst du, ich war mit den Krücken da unten?"

Da sagt er, er hänge jetzt die Tür aus.

„Ist eine gute Idee, aber die ist doch viel zu schwer. Nicht das du dir wehtust. Na gut, probiere es."

Ich höre Krach, und richtig, er hat sie ausgehängt.

„Danke, mein Schatz, du hast aber noch immer viel Kraft." Nun ist das auch erledigt, die kann er nicht mehr zumachen. Nach einer halben Stunde, ich bin im Büro, baut er sich vor mir auf und fragt, wer unten die Tür ausgehängt hätte? Fast hätte ich gelacht. Ich erzähle ihm, wer die Tür rausgemacht hat. Ganz entsetzt sieht er mich an und fragt, ob ich ihm alles anhängen wolle? Da hat er doch selbst diese Kraftanstrengung schon wieder vergessen. Da er mir ja immer etwas Gutes tun will und ich ihn von der Tür ablenken möchte, sage ich: „Schatz, sei doch so lieb und bringe mir zwei Aprikosen."

„Für meinen Schatz tue ich alles", sagt er, und bringt mir drei Eis an den PC, dann gekochte Kartoffeln, dann zwei Eier und dann … zwei Aprikosen. Übers ganze Gesicht strahlt er nun.

„Komm, setz dich zu mir, nun essen wir gemeinsam die Aprikosen. Leg dich doch noch ein bisschen hin, und ich wecke dich dann mit Kakao und Kuchen."

Als ich ihn wecken gehe, hat er schon wieder ein Unterhemd über seinen Pullover gezogen.

Abends, ich sehe noch fern, höre ich ständig Türgeräusche und gehe nachsehen. Hapi macht im Dunkeln alle Türen auf und zu. Nach fünf Minuten mache ich Licht im Bad und denke, vielleicht will er da rein … Er läuft aber zum Gästeklo. Da hat er sicher die Klotür gesucht.

Ich warte, bis er zurückkommt, und da sagt er: „Als wir heute Abend zurückkamen, waren wir doch in der Notunterkunft. Ist die noch da? Ist da heute ein Kopfkissen?"

Ich habe keine Ahnung, was er meint und was das soll, es muss wohl irgendwas von früher sein. Ich bringe ihn in sein Bett und zeige ihm sein Kopfkissen, das unter der Zudecke liegt.

„Du bist mein Schatz, gut, dass ich dich habe. Dich muss ein Engel geboren haben."

Nach einer Weile kommt er ins Wohnzimmer und macht den Fernseher aus. Ich gehe ins Büro, um dort weiterzukucken. Da kommt er hinterher und sagt: „Mach sofort aus." Er reißt mir die Brille runter und will sie kaputt machen. Ich werde laut. Er nimmt die Brille, die Krücken und geht ins Schlafzimmer. Dann kippt er den Monitor um.

Oh je, er weiß wieder nicht, was er tut. Ich fordere energisch Brille und Krücken zurück.

„Wo soll ich die denn haben, sind doch deine?"

„Ja eben, die hast du mit ins Schlafzimmer genommen."

Er kommt zurück und sagt, ich hätte recht, die wären dort gewesen. Dann will er wissen, wann und wo ich schlafengehe.

Ich erkläre es ihm: „Sobald der Film zu Ende ist, komme ich, um in meinem Bett neben deinem zu schlafen. Dann fragt er, ob ich eine Schweizer ID-Karte hätte. Ob ich es beweisen könne, Schweizerin zu sein? Ich soll meine Koffer packen, wenn ich keine Schweizerin wäre. Dann geht er ins Wohnzimmer und schließt sich ein. Nachts, irgendwann, kommt er ins Bett.

Na, da ging ja wieder was ab in seinem Kopf.

Am Morgen ist er wieder zuvorkommend und lieb. Das ist immer so, als wäre abends immer der größte Wirrwarr in seinem Kopf.

Beim Frühstück sage ich: „So schnell kann ich meine Koffer aber nicht packen." Ich will sehen, was er noch weiß. Er fällt aus allen Wolken. Er will doch nicht, dass ich gehe, er liebt mich doch, wie er nie geliebt hat, will und kann nicht ohne mich sein. Obwohl ich es natürlich weiß, muss ich es erst mal verdauen, was er da am Vorabend wieder zum Thema „Kofferpacken" zu mir sagte. Ich weiß nicht, warum ich das immer ernst nehme, wo ich doch genau weiß, das alles in seinem Kopf kreuz und quer läuft.

Seinen Sohn, der mal wieder zu einem Kurzbesuch kommt, erkennt er nicht. Aber der hat kein Problem damit. Ich frage Hapi, wer der Mann sei?

„Na, das ist der Felix S. aus Winterthur, mit dem hab ich studiert."

Für mich wird es mit der Wäsche immer schwieriger. In den Waschkeller zu kommen, fällt mir immer schwerer. Hapi kann ich ja nicht mehr schicken, denn er bringt alles durcheinander. Wenn ich ihn bitte, den Trockner auszustellen, dann schmeißt er alles in die Waschmaschine, was er finden kann, und wenn ich sage: „Die Wäsche von der Waschmaschine in den Trockner", dann steckt er Schmutzwäsche in den Trockner … Auf die Haushaltshilfe ist im Moment kein Verlass, so dass ich erst eine neue anstellen muss. Also kaufe ich zwei neue Maschinen und lass sie oben anschließen, dann kann ich sie selbst bedienen. Gesagt, getan. Mal sehen, was mein Mann nun macht, denn es ist ihm ja sehr fremd.

Seit einigen Tagen kann Hapi sich auch die Kopfhörer nicht mehr anschalten. Dann wird er immer ärgerlich und sagt, ich hätte sie verstellt. Ebenso braucht er morgens neuerdings neue Unterhosen. Er weiß nicht, wo die immer bleiben, im Wäschekorb waren sie auch nicht.

Als ich ihm am Abend mal wieder beim Ausziehen helfe, hat er vier Unterhosen an. Wenn er mal allein angefangen hat, sich bettfertig zu machen, schaue ich nicht mehr so genau nach, ich muss es nun aber doch gründlicher machen.

Mein jüngster Sohn ist wieder zu Besuch. Am Abend sagt mein Mann zu mir: „Das soll dein Bruder oder Sohn sein? Ist ja lächerlich. Kannst du das beweisen?" Dann sagt er, er wolle kein Abendessen, und ich solle auch nicht vorbeikommen! Ich mache ihm aber seinen Teller wie immer fertig und stelle ihn in die Durchreiche. Ich gehe mit meinem Sohn in mein Büro, um dort fernzusehen. Wir hören, wie er sich sein Essen nimmt. Später geht mein Sohn hoch in sein Bett, und ich gehe auch in meines. Ich bekomme einen Schreck, denn mein Mann steht plötzlich aus meinem Bett auf.

Er fragt: „Bist du alleine?"

„Ja, sicher."

Plötzlich hält er mir seine Pistole ans Kinn.

„Geh sofort ins Bett!"

Ich komme an ihm vorbei und gehe ins Büro zum Telefon, um die Polizei zu rufen. Er sagt: „Leg sofort auf, sonst breche ich dir alle Finger."

Es ist nicht zu fassen ... das ist mein sonst immer so liebevoller Mann. Reden hilft nichts, es kommt bei ihm nicht an. Da er noch immer sehr viel Kraft hat, will ich es nicht darauf ankommen lassen. Beim Rausgehen nehme ich unbemerkt das Telefon mit und lege es unter mein Kopfkissen. Mit der Pistole im Rücken liege ich stundenlang wach. Ich bin wie aus dem Wasser gezogen. Als ich dann seinen gleichmäßigen Atemzug höre, bin ich mir sicher, dass er schläft, und ich versuche, ganz leise aus dem Bett zu kommen. Im Bad telefoniere ich mit der Polizei, die auch sehr schnell kommt. Fünf bewaffnete Polizisten. Einer geht von außen zum Schlafzimmerfenster, einer in den Flur und drei ins Schlafzimmer. Ich sollte im Wohnzimmer bleiben. Aber mein Mann schläft ganz fest – mit der Pistole noch immer in der Hand. Erst nehmen sie seine Waffe und dann wecken sie ihn. Vorher hatte ich ihnen gesagt, dass er dement ist und nicht weiß, was er tut.

Mir zittern vor Aufregung die Hände. Als ich sage, er könne sich nicht allein anziehen, darf ich auch ins Schlafzimmer. Hapi weiß gar nicht, was los ist. Wie ein kleines

Kind hört er auf mich, zieht sich den Schlafanzug aus und ich ihm die anderen Sachen an. Es ist nicht zu fassen, dieser einst starke und selbstbewusste Mann, Führungskraft im Militär, zieht sich im eigenen Schlafzimmer vor Polizisten aus. Es tut weh, ihn so hilflos zu sehen.

Ein Polizist sagt zu ihm: „Ihre Frau hat uns gerufen, und Sie kommen mal mit uns."

„Aber ich habe doch meiner Frau noch keinen Morgenkuss gegeben."

Bereitwillig tippelt er mit und steigt ins Auto. Mein Sohn kommt dann auch runter, und ich muss mich erst einmal beruhigen.

Kurze Zeit später kommen zwei Beamte und suchen das ganze Haus, den Keller und die Garage nach Waffen ab. Sie nahmen etliche Pistolen, Gewehre und Messer mit. Da mein Mann nicht mehr zurechnungsfähig ist, kriegt er auch keine Strafe.

Der Polizist fragt mich: „Möchten Sie denn Ihren Mann wieder hier im Hause haben?"

„Ja natürlich, er kann ja nichts dafür, und die Waffen sind ja nun weg. Meistens kennt er mich ja auch noch."

Er wird zurückgebracht. Ich weiß nicht, was er fühlt und denkt. Er ist ganz komisch. Ich sage: „Möchtest du einen Kaffee?"

„Nein, die netten Herren haben mir schon Kaffee offeriert."

Mittags ist er wie immer und hat regen Appetit. Nach dem Mittagessen geht er nach oben in sein Büro, und mein Sohn und ich hören, wie er ständig Schubfächer auf- und zumacht. Als er wieder runterkommt, fragt er auch nichts. Ob er die Waffen sucht? Aber da waren sie ja nicht.

Oh man, was war das für ein Tag. Aber mir ist nun wohler, dass die Waffen aus dem Haus sind.

Die neue Haushälterin ist heute zum zweiten Mal da. Mein Mann sagt: „Schick sie mal rein, ich will sie rausschmeißen." Ich sagte ihr bei der Einstellung, dass mein Mann Alzheimer hat. Sie solle sich ruhig verabschieden und gehen, denn es hätte heute keinen Sinn mehr.

Mein Sohn will wieder abfahren und sagt, wir müssten das ganze Haus auf den Kopf stellen, seine Hausschlüssel wären weg. Hapi zu fragen, hat ja keinen Sinn. Ich sage: „Schau mal als Erstes in seinem Schreibtisch in der obersten Schublade nach. Alles, was klein ist, Schlüssel, Etuis, Kalender, Uhren und dergleichen, steckt er ja ein."

Und richtig, da liegt der Schlüssel. Beim Abschied sagt mein Sohn, er ist erleichtert, dass die Waffen weg sind.

„Mama, du hast es ja wirklich nicht leicht, er ist ja schlimmer als ein kleines Kind. Er hat Glück, eine Frau wie dich zu haben. Ohne dich wäre er auch nicht so alt geworden. Aber in etwas lichten Momenten betont er es ja immer wieder selbst."

Hapi spricht nicht mit mir, er frühstückt auch nicht, sondern sucht, glaube ich, seine Waffen. Aber er fragt nicht danach. Zum Glück, denn wie sollte ich ihm in seinem geistigen Zustand antworten? Im Moment probiert er noch alle Schlüssel, die er findet, um in den Boden zu kommen. Auch hier wieder keine Fragen … zum Glück.

Am nächsten Morgen will er wissen: „Was hast du da am Arm, Hasi?"

Ich antworte: „Das warst du, als du meinen Arm so fest umklammert hast, um mir meine Finger zu brechen."

Hätte ich nur nichts gesagt. Er schiebt sein Frühstück beiseite und ist sehr böse. Es hat keinen Sinn, über diese Ereignisse zu sprechen, denn er weiß nichts davon. Ich muss auch damit umgehen lernen, was nicht gerade leicht ist.

Im Moment ist es wieder sehr stressig für mich. Hapi macht den Geschirrspüler auf, und heißes Wasser spritzt raus. Ihn stört es, wenn irgendwo ein Lichtlein leuchtet. Dann macht er den Herd aus, in dem unser Auflauf steht.

„Geh bitte aus der Küche, sonst kannst du kein Mittagessen bekommen."

Waschmaschine, Trockner … alles ist aus. Die Geräte stehen ja jetzt hier oben, und ich sehe es wenigstens. Als die Haushaltshilfe am späten Nachmittag kommt, rennt er ihr ständig nach und macht, sobald sie einen Raum verlässt, das Licht aus und die Fenster zu. Ich glaube, sie ist auch schon genervt.

Heute ist sein 89. Geburtstag. Als er seine Torte mit der Zahl sieht, ist er sehr erfreut. Seine Kinder melden sich nicht, meine haben angerufen und gratuliert.

„Ich will dir auch was zurechtmachen", sagt er.

„Dann gib mir bitte einen Apfel, Schatz." Nun bin ich ja in der Küche und kann sehen, wie er einen Apfel sucht. Sämtliche Schubfächer und Türen, Eisschrank und Kühlschrank öffnet er, bis er mir zu guter Letzt einen Teller mit Katzenfutter und ein Messer hinstellt.

Ich sage nur: „Danke, mein Schatz."

Am Nachmittag kommen noch unsere Freunde. Er erkennt sie nicht. Als sie klingeln, sage ich: „Mach doch bitte auf, es sind sicher deine Gäste."

Draußen fragt er: „Wer sind Sie?", dann kommt er zu mir und sagt: „Da wären Leute, die reinwollten."

„Das sind doch Benni und Monique." Gleich ist er zuvorkommend höflich und drückt sie beide. Für mich ist das mal wieder ein entspannter Nachmittag.

Die Haushälterin erzählt mir, in der Vitrine lägen ganz viele angebissene Kekse. Ich bitte sie, sie rauszuholen und den Vögeln auf die Wiese zu schmeißen.

Mein Schatz ruft immer die Katzen, und wenn sie kommen, füttert er sie. Die Futterschalen werden bestückt mit Nassfutter, Trockenfutter, Brot und Keksen, sogar Schokolade gibt er hinein. Er denkt, sie fressen alles – wie sein Hund früher.

Da ja inzwischen Weihnachtszeit ist, habe ich für den Postboten ein „Gschenkli" in den Briefkasten getan und außen einen Zettel angeklebt, dass es sein Weihnachtsgeschenk ist. Als ich am PC sitze, kommt Hapi mit dem Päckchen und dem Zettel und strahlt.

„Schau mal, der Postbote hat ein Päckchen für uns."

Ich lege es wieder zurück. Später steht auf dem Zettel: „Danke." Nun weiß ich, es hat geklappt.

Ich habe wieder eine Arbeit für Hapi. Das Futterhäuschen befüllen. Habe es ihm lang und breit erklärt.

„Hast du die Vögel gefüttert?"

„Ja."

Als ich nachschaue, hat er den ganzen Sack in Kübel und Blumenkästen gefüllt. Aber ich denke, die Vögel finden es auch dort.

Dann wird es lustig.

„Wer hat draußen die Lichter angemacht?"

„Welche Lichter, Schatz?"

„Da ärgert mich einer. Immer wenn ich auf die Terrasse komme, sind sie aus."

Ich gehe mit.

„Na, Schatz, zeig mir mal die Lichter." Jetzt weiß ich, was er meint. Da spiegeln sich die Lichter vom Baum draußen in der Scheibe wieder. Eine Minute später dasselbe.

„Ich muss raus, die Lichter sind schon wieder an."

Dann geht es weiter.

„Was sind das für Bilder?"

„Welche meinst du?"

„Na, siehst du die nicht …", er zeigt zum Fernseher.

„Schatz, das ist doch der Fernseher."

Da er ja immer helfen will, gebe ich ihm unsere Schlafanzüge, die er in den Wäschekorb legen soll. Als ich später waschen will, sind sie nicht da.

„Wo hast du die Wäsche hingelegt?"

„Weiß ich nicht."

Einen Tag später fand ich sie im Plastiksack, in dem immer die Plastikflaschen gesammelt werden.

Mein Mann sagt, heute gehe er nicht so zeitig ins Bett. Er bleibe bei mir, bis das neue Jahr angefangen hätte.

„Schatz, da musst du aber noch lange sitzen, denn es ist noch nicht Silvester."

„Ich bringe aber auch alles durcheinander."

„Ist doch nicht so schlimm", sage ich, „ich bin doch bei dir und bringe alles in Ordnung."

Dann fragt er, wie er den Bart wegkriegt. Ich sage ihm, wo der Rasierapparat liegt, und er kommt mit meinem Handy aus dem Büro wieder.

„Das geht aber nicht."

„Nein, Schatz, damit telefoniert man ja auch. Ich komme und zeige es dir."

Ein Tag vor Silvester: Ich gehe ins Schlafzimmer, komme mit meiner Krücke auf etwas Rutschiges und falle hin. Das Zimmer liegt voller Wäsche. Die Brillengläser schneiden mir ins Gesicht. Aber zum Glück scheint nichts gebrochen zu sein. Ich muss lange rufen, bis mich Hapi hört. Mit dem Telefon klappt es nach einigen Versuchen. Die Rettung will mich mitnehmen, sieht aber, warum ich meinen Mann nicht allein lassen kann. Sie versorgen meine Wunden, und ich unterschreibe, dass ich auf eigene Veranlassung nicht ins Krankenhaus gehe. Sie heben mich hoch und ich bin froh, wieder im Bett zu liegen.

Das war nun wieder ein Jahr, das es in sich hatte. Hapi ist an Silvester im Bett, und ich schaue allein fern.

Das Jahr 2014

Wir haben die erste Woche im Januar, und mein Mann kommt am Abend wieder aus dem Bett und denkt, es wäre Silvester. Er sagt, er würde noch etwas mit fernsehen. Heute ist aber nicht Silvester, und wir gehen nach einer Weile ins Bett. Ich höre, wie er wieder aufsteht und der Fernseher angeht. Als er wieder ins Schlafzimmer kommt, beklagt er sich, ich hätte ja heute an Silvester noch ein bisschen aufbleiben können.

„Das ist wie früher, als du mich allein hast sitzen lassen."

Da muss er wohl von seiner ersten Frau gesprochen haben. Ich sage ihm wieder, dass nicht Silvester ist. Er geht wieder. Ich habe einen leichten Schlaf, weil ich ja immer hören muss, was er im Wohnzimmer macht. Fernseher an, aus … Jalousie hoch, runter …

Um zwei Uhr kommt er dann endlich ins Bett, und ich kann einschlafen.

Heute ist wieder einer seiner „Verstell"-Tage: Alles, was man drücken, schalten oder knipsen kann, wird verstellt. Eine Katastrophe!!!

Dann komme ich in die Küche und denke, ich spinne. Ich hatte am Morgen meine Tablettenbox für vier Wochen fertiggestellt, und die ist jetzt mit Wasser gefüllt. Meine Nerven … Zum Glück ist es nicht lange her, und ich kann sie trocknen.

Ihm ist kalt.

„Zieh dir doch deine Jacke an, die liegt auf deinem Stuhl."

Als er zurückkommt, hat er meine an. Ich sage: „Gib mir die mir mal und hol deine Jacke, die liegt auf deinem Stuhl."

Er kommt wieder und hat ein Unterhemd übergezogen. Also gehe ich mit, bevor er den Schrank ausräumt.

Am Abend schaut er ständig auf die Uhr.

„Möchtest du ins Bett? Weißt du nicht, wie du hinkommst? Gleich das erste ist dein Bett."

„Wo denn?"

„Im Schlafzimmer."

„Wo wir gzüglet sind?"

„Schatz, das ist fünfzig Jahre her. Soll ich dich hinbringen?"

„Ja, bitte."

Als ich später dann ins Bett komme, schläft er ganz ruhig. In der Nacht werde ich wach, weil er vor dem Schlafzimmerschrank hin und her läuft und die Fenster auf und zu macht. Plötzlich bleibt er vor dem Schrank stehen, öffnet ihn, zieht seine Hose runter und pinkelt in den Schrank.

Oje, nicht mehr zu ändern. Ich räume die Sachen erst einmal in die Badewanne. Damit werde ich mich morgen beschäftigen.

Mein Schatz hat ja gerne eine gute Zigarre geraucht. Das fällt ihm jetzt ein.

„Du musst aber einen Aschenbecher nehmen", sage ich.

Er nimmt die Fernbedienung, dann die Wetterstation, bis ich ihm den Aschenbecher reiche.

Er sagt: „Du weißt doch immer, was ich brauche."

Nun hat er einen Schokoriegel in der Hand. Er lacht und sagt: „Hast du gedacht, den will ich rauchen? Das ist doch ein Streichholz."

„Oh, nein, mein Schatz, mach mal den Mund auf" – ich will ihm den Riegel in den Mund stecken.

„Aber das kann man doch nicht essen, Hasi."

„Sicher doch, mein Schatz, das ist doch deine geliebte Schokki."

Nun begreift er es. Ich gebe ihm die Streichhölzer. An-zünden kann er noch. Die Zigarre genießt er augenschein-lich, aber wie ich sehe, pafft er sie nur noch. Egal, Hauptsa-che er hat Freude daran. Ich freue mich immer, wenn er so glücklich ausschaut, das wird nämlich immer weniger. Sein Blick ist meist so leer und so fremd.

Ich will heute mal ein schönes Essen mit viel Vorberei-tung machen, denn das Auge isst ja bekanntlich mit, und sehen kann er ja noch. Als ich in der Küche bin, ruft er: „Hasi, komm doch mal."

Ich schaue nach ihm, und er liegt auf dem Sofa. Ihm tut der Rücken so weh. Ich sehe, dass er stark schwitzt, und der Schweiß ist ganz kalt. Ich lagere ihm die Beine hoch, denn ich glaube nicht, dass es vom Rücken kommt, und ich setze mich zu ihm. Sein Puls ist sehr schnell und holperig. Ich sehe, wie er sich ans Herz fasst und frage, ob ihm das Herz wehtue?

„Der Rücken", sagt er wieder.

Als er noch gesund war, hat er mir mal gesagt, wenn es ihm schlecht gehe, solle ich rausgehen und nichts machen. Er wolle nicht ins Krankenhaus.

Er ist unruhig, schmeißt Kissen und Decke runter. Ich weiß, er ist nicht wehleidig. Ins Bett kann ich ihn nicht bringen, das schaffe ich nicht.

„Schatz, ich möchte einen Arzt rufen. Aber die werden dich mit ins Krankenhaus nehmen."

Er nickt. In seinem Beisein rufe ich die Rettung, und er winkt nicht ab. Zehn Minuten später sind sie da. Erst sind sie der Meinung, er habe Rückenschmerzen, das wäre bei alten Menschen oft so, und sie wollen ihn nicht mitnehmen. Da ich aber meinen Mann kenne – dass er nicht wehleidig ist und mich nicht gerufen hätte –, kann ich das nicht so hinnehmen. Ich sage: „Bitte nehmen Sie ihn mit, er hat einen Herzinfarkt."

Zum Glück sehen sie es dann ein. Sofort nehmen sie ihn mit. Nach eineinhalb Stunden erkundige ich mich nach ihm. Die Ärzte wollten mich auch gerade anrufen. Ich erkläre dem Arzt: „Er ist dement und schwerhörig. Er wird keiner Untersuchung zustimmen, das hätte er aber auch im normalen Zustand abgewehrt."

„Wir werden sehen", meint der Mediziner, und er würde sich später wieder bei mir melden. Schon eine halbe Stunde später ruft er an.

„Sie haben ja so Recht. Er ist doch sehr dement. Ihr Mann beschimpft die Ärzte, die nicht beim Militär waren, und er will von jedem genau wissen, wo und worüber sie ihre Doktorarbeit geschrieben haben. Er ließe nichts in sich reinschieben und einen Herzinfarkt hätte er auch nicht. Die Blutabnahme gestaltet sich sehr schwierig."

Ich bitte ihn, das zu unterlassen und ihn nicht zu zwingen. Er soll nicht so leiden, denn er will es nicht und hat,

als er noch nicht dement war, immer gesagt, nur er be-
stimme was mit seinem Körper passiert!

Die Ärzte haben sich beraten und werden ihn konservativ
behandeln. Vielleicht geben sie ihm nur etwas zur Beruhigung, und wenn er Tabletten nimmt, kann er bald wieder
nach Hause. Ich bin selbst Krankenschwester und kann ihn
zu Hause spritzen.

„Das ist eine gute Lösung, nur müssen wir ihn solange
hierbehalten, bis er stabil ist. Beim Herzstillstand werden
wir ihn nicht wiederbeleben. Wir haben ja sein Arztbuch
hier", meint der Doktor.

„Danke", sage ich. Das ist genau in seinem Sinn, und ich
bin erst einmal beruhigt, ihn in guten Händen zu wissen.

Am nächsten Tag ist er schon auf der normalen Station.
Die Schwestern sagen, er ist kein leichter Patient, aber ein
ganz lieber. Nach einer Stunde rufen sie wieder an und
bittet mich, meinem Mann gut zuzureden, dass er noch
etwas bleibt.

Ich sage: „Schatz, bitte bleibe dort erst noch ein wenig,
und dann hole ich dich ab."

Er sagt: „Dann brauche ich Geld."

„Wozu brauchst du Geld?"

Er müsse sich ein Billet kaufen, damit er mit dem Zug
nach Hause fahren könne.

„Du musst nicht mit dem Zug fahren, du wirst mit dem
Auto gebracht."

Dann sagt er mir, er gehe jetzt mit den netten Frauen
zum Bahnhof, und da wäre sein Hotelzimmer. Aber vorher
würde er die Polizei holen, denn es gehe hier nicht mit
rechten Dingen zu.

Letztendlich schaffe ich es, ihn zu beruhigen. Es ist sicher meine Stimme, denn verstehen tut er ja akustisch eh nicht alles.

Am Nachmittag ruft er wieder an. Die Schwestern müssen ja die Verbindung herstellen, denn das kann er nicht mehr. Er ist sehr durcheinander, fast panisch. Er wäre gerade aus Deutschland zurückgekommen (dort hatte er früher eine Firma). Es ist furchtbar, da wird so viel gestohlen. Er kommt bald. Er denkt, am Apparat ist seine verstorbene Frau, denn er sagt: „Gib bitte meiner Hasi und den Büsis (Katzen) einen Kuss von mir." Und auch Hapi soll ich schön grüßen und alle anderen auch.

Was soll man ihm da erklären, um ihn zu beruhigen. Es kommt ja nichts an. Es ist furchtbar für mich, ihn in dieser Situation zu wissen, ihn nicht in den Arm nehmen zu können, um ihn zu beruhigen. Das ist schlecht für ihn. Hier zu Hause wäre er besser aufgehoben, da fühlt er sich sicher. Ich überlege, ob ich ihn mit Freunden besuche, verwerfe diesen Gedanken aber sehr schnell. Er ist ja wie ein kleines Kind, was dann mit nach Hause will, und es wird sicher nur schlimmer.

Am nächsten Tag rufe ich wieder an, und die behandelnde Ärztin sagt mir: „Er hatte einen großen Herzinfarkt, es geht ihm aber eher wegen der Demenz recht schlecht. Sie sind ja Krankenschwester, sitzen aber doch im Rollstuhl." Gerne würde sie meinen Mann zu mir nach Hause geben. „Aber wie machen Sie das: einkaufen, waschen, und das mit einem schwer dementen Mann?"

„Wissen Sie", antworte ich, „ich mache das seit drei Jahren ohne Hilfe der Spittex, und meinem Mann zuliebe mobilisiere ich alle Kräfte, damit er zu Hause sein kann. Das hat er verdient. Mein Kopf und meine Arme sind gesund."

Über meine Art, zu reden, war sie sehr erfreut. Sie will mich am nächsten Tag noch einmal anrufen, weil sie das nicht allein entscheiden kann.

Auch sage ich noch, dass er sicher nach Hause wolle und hier alles habe und dass er hier glücklich sei. Hier regt ihn das alles nicht so auf, und er kommt in gewohnter Umgebung schnell wieder zur Ruhe.

Dieser Tag hat mich wieder sehr gestresst, denn zu wissen, dass Hapi Angst, Panik und Unruhe durchstehen muss, macht mich unglücklich. Eigentlich hätte ich auch mal ein paar Tage Ruhe gebraucht, aber mir vorzustellen, mein Hapi ist dort, wo er niemanden kennt, und er weiß nicht einmal, wo er ist, das macht mich sehr traurig. Hätte ich doch die Rettung nicht rufen sollen? Aber einfach nur zuschauen, konnte ich nicht. Gerade in diesem Moment, wo ich mir Gedanken über seine Entlassung mache, gibt es einen lauten Krach. Ein Auto ist in unseren Zaun und in den Garten gefahren. Auch das noch. Mir bleibt auch nichts erspart. Gerade, als ich die Polizei gerufen habe, kommen meine Freunde, und wir besprechen, wie und wann wir Hapi aus der Klinik abholen können.

Die Ärztin meldet, wie versprochen, mein Mann könne nach Hause. Oh, mein Schatz, die Quälerei ist zu Ende.

Unsere Freunde fahren zum Krankenhaus. Sie haben Angst, dass er sie nicht erkennt und dann nicht einsteigt. Für mich ist es aber zu schmerzhaft, mitzufahren.

Er erkennt sie, wie erwartet, nicht. Aber nachdem sein Freund ihn bittet, das Auto zu bewerten, weil er es kaufen wolle, setzt er sich sofort rein und sagt: „Na, dann los!"

Als sie mit Hapi ins Haus kommen, lacht und weint er vor lauter Freude, als er mich sieht. Das ist eine Entschädigung für die vergangene schwere Zeit. Uns laufen allen auch die Tränen, als wir seine Freude sehen. Da kriegt man Gänsehaut. So viele ehrliche Gefühle.

„Das sieht aus wie bei mir zu Hause", sagt er.

Dann frühstücken wir alle zusammen. Hapi erzählt uns, er komme von einem Militäreinsatz. Nochmal mache er das aber nicht mit.

„Ihr könnt euch nicht vorstellen, was ich alles mitmachen musste. Sie sollen jetzt lieber die Jüngeren nehmen."

Immerzu erzählt er vom Militär. Ja, mein Schatz ist wieder da, mit all seinen Verwirrungen im Kopf. Ich gebe ihm einen Kuss, und er strahlt übers ganze Gesicht. Im Spital ist er noch am letzten Abend gestürzt, sodass er mit einem blauen Auge und genähter Platzwunde hier sitzt. Aber das weiß er ja auch nicht mehr. Unsere Freunde sind sehr schockiert, wie viel schlimmer es mit ihm seit ihrem letzten Besuch geworden ist. Durch den Aufenthalt im Spital hat sich sein Zustand noch verschlechtert.

Als ich mir die Entlassungspapiere ansehe, sagt er: „Was hast du da? Was ist das?"

Ich sage ihm, dass er im Spital war, weil er einen Herzinfarkt hatte.

„Wo, wann? Das ist doch nicht wahr", redet er dazwischen.

Als sich das Gespräch auf Behandlungen lenkt, wird er sehr aufgeregt und tut seine Meinung kund. Irgendwelche

Erinnerungen zeigen sich: Er bestimmt über seinen Körper, niemand macht etwas, was er nicht will ... Ich bin froh, dass er das vor Zeugen sagt, und vor allem, wie bestimmend. Und dann redet er einen Moment ganz klar. Er will nicht ins Spital, an keinen Tropf und keinen Katheter ...

Wie schlimm muss es sein, wenn man sich an einem fremden Ort, in einer fremden Umgebung befindet, wo andere einem sagen, was man machen soll und einem kleine Geistesblitze von früher durch den Kopf jagen. Man muss sich ja wie vergewaltigt vorkommen.

Als unsere Freunde weg sind, denke ich, er würde nun völlig k.o. sein, sodass er gleich ins Bett gehen will. Aber er bleibt bis dreiundzwanzig Uhr auf und kommt andauernd zu mir und streichelt und küsste mich. Ganz glücklich schaute er drein. Fast habe ich ein schlechtes Gewissen, weil ich ihn ins Spital geschickt habe.

Am Morgen gibt es mit den Tabletten, die er eigentlich nehmen soll, Theater. Er will sie nicht und schnipst sie durch die Gegend. Dann sagt er: „Hier kommt keiner rein. Den, der mir was sagen will, schmeiße ich raus."

Ohje, heute kommt die Hausärztin. Ich sage, sie käme zu mir ...

„Das ist gut", sagt er. „Mein Hasi muss gesund bleiben." Als die Ärztin und die Schwester kommen, sagt er: „Schnell reinkommen, es ist kalt." Dann folgen seine üblichen Fragen, woher sie kommen, welches Thema ihre Doktorarbeit hatte ...

Wenn es bei den Fragen um den Zustand meines Mannes geht, redet die Ärztin leise, da er es dann nicht hört und ich antworten kann. Auch seine Fäden werde ich ziehen, damit wir nicht hinkommen müssen. Gibt nur wieder

Ärger. Sie hat große Hochachtung vor mir. Sie kenne niemanden, der das in meinem Zustand auf sich nehmen würde, sagt sie.

„Sie sehen ja, wie charmant er sein kann. Stellen Sie sich ihn mal gesund vor. So einen lieben Menschen kann ich doch nicht ins Heim stecken."

Sie fragt mich noch, ob ich damit fertigwerde, wenn er wegen eines Herzinfarktes plötzlich morgens tot im Bett liegt?

Ich muss. Von all dem versteht er ja nichts.

Hapi fragt die Ärztin, ob sie wüsste, was ein Goldschatz wäre?

Sie antwortet: „Ihre Frau." Woher sie das wüsste? „Ich habe so viele Lobeshymnen von Ihnen über Ihre Frau gehört."

„Ist er nicht herzig?", frage ich sie.

„Schon", antwortet die Ärztin, „aber vergessen Sie nicht, auch an sich zu denken. Sie können jeder Zeit um Hilfe bitten."

Nach dem Abendessen fängt Hapi an, zu zittern.

„Komm, ab ins Bett, Schatz."

„Nein, ich will bei dir bleiben."

„Na gut, ich komme auch ins Bett."

„Dann", sagt er, „nimmst du dir auch eine Nummer, ähnlich wie meine?"

„Verstehe ich nicht."

„Na, dass dein Bett in der Nähe von meinem ist."

Ich weiß nicht, was er meint. Na, egal. Er fragt wieder, wo er schläft ...

„Ist noch jemand im Haus?"

„Nein, Schatz, nur wir beide."

Ganz ruhig schläft er ein und stöhnt und brabbelt vor sich hin – so viel beschäftigt ihn wahrscheinlich noch das Spital.

Für die nächsten Tage hat sich eine Schwester von der Spittex angesagt. Sie will meinen Mann in der Wanne waschen. Ich habe darum gebeten, glaube aber nicht, dass das was wird – aber ich will die Hilfe erst einmal annehmen. Wäre ja für mich eine Erleichterung.

Am Morgen weigert sich Hapi wieder, seine Medikamente zu nehmen. Erst freundlich, dann bestimmt. Mittags probiere ich es noch einmal. Es geht ihm gut, sechs Tage nach dem Herzinfarkt, ohne Therapie und fast ohne Medikamente. Er läuft den ganzen Tag durch die Wohnung. Er ist eben in seiner gewohnten Umgebung.

Hapi macht mir immer so viele Komplimente. Dann sagt er jedem, der hier ist, was er für eine tolle und liebenswerte Frau habe. Diese liebevolle Art lässt das viele Schwierige im Leben mit ihm verblassen. Mein Sohn wollte mit Familie kommen, solange Hapi im Krankenhaus war. Als ich ihm erzähle, er wäre schon wieder zu Hause, kann er es kaum fassen. Ich rate ihm, noch ein wenig zu warten, es wäre vielleicht noch zu früh. Am Mittag rede ich mit meinem Mann darüber, denn er macht einen aufgeschlossenen Eindruck. Dann sagt er: „Wenn die Kinder doch Ferien haben, dann können sie doch auch kommen." Ihm geht es gut, und er versteht nicht, was ich mit „schonen" meine. Obwohl ich ja weiß, dass es morgen schon wieder anders sein kann, berichtete ich meinem Sohn, dass sie gerne kommen könnten, wenn sie wollten.

Es ist soweit, die Schwester von der Spittex steht vor der Tür. Er lässt sie ganz freundlich rein, denn er weiß ja nicht, was sie will. Lässt wieder seinen Charme spielen, bis er mitkriegte, dass sie ihn baden möchte. Dann ist Schluss mit lustig. Er sagt, er habe ja nichts gegen sie, aber ihn dürfe nur seine Frau anfassen – und er begleitet sie freundlich aber bestimmt zur Tür. Ich habe es ja geahnt. Ich kann auch nicht sagen, dass er mich damit nicht gerade unterstützt, denn er versteht es ja nicht.

Mein Sohn ist da und alles läuft ruhig. Hapi kommt ganz gut damit zurecht. Macht kein Theater, das hier fremde Leute rumlaufen.

Als sie wieder weg sind, frage ich ihn, ob es nun für ihn wieder ruhiger sei, jetzt, wo die Kinder weg sind.

„Was für Kinder?"

„Egal, vergiss, was ich gefragt habe."

„Du wirst alt", sagt er zu mir.

„Wie meinst du das?"

„Na, du siehst Kinder, wo keine sind."

Ich muss lachen: „Ja, mein Schatz, du hast recht, ich werde alt." Ich bin so froh, dass es ihm gut geht.

Als unsere Haushälterin heute kommt, nimmt er sie in den Arm, schaut zu mir und sagt: „Schau sie dir an, das ist ein Goldstück, eine Superfrau, die musst du dir als Vorbild nehmen. So etwas findet man nicht noch einmal, da habe ich so viel Glück gehabt. Gesunde Frauen machen nicht die Hälfte wie sie, und sie ist so liebenswürdig und hilfsbereit, da spreche ich aus Erfahrung."

Da kommt mal wieder mein lieber Hapi durch, so, wie ich ihn kenne. Dann sagt er noch, was mich sehr verwundert: „Ich hatte nämlich schon Mal eine Frau, und die war ganz schlecht zu mir."

Er hatte eigentlich total vergessen, schon mal verheiratet gewesen zu sein, und als er es noch wusste, sprach er nie schlecht über sie, nur über seine Kinder. Aber was soll ich mir Gedanken machen, was in seinem Kopf so vorgeht.

Als ich am Abend noch vor dem Fernseher sitze, kommt mein Mann mit schmerzverzerrtem Gesicht rein. Es geht ihm nicht gut. Ich denke, nun ist es soweit. Ich will ihm sein Spray auf die Zunge geben, aber er will nicht.

Ich sage: „Geh wieder ins Bett, ich komme auch mit." Ich bette ihn und mache das Fenster weit auf, damit er frische Luft atmen kann. Dann nehme ich ihn in meinen Arm und streichele ihm über den Kopf, und er wird ruhiger. Kaum nehme ich meine Hand weg, rutscht er hinter mir her und hält mich fest.

Die Nacht war ruhig. Morgens weiß er nicht mehr, dass es ihm so schlecht ging. Er ist wieder voller Tatendrang. Er stellt den Trockner aus, dann den Geschirrspüler, und kaum ist er wieder an, macht er die Waschmaschine aus. Ich schimpfe nicht mit ihm, bringt ja eh nichts.

Dann geht die Sicherung aus. Ich kann doch nicht in den Keller. Nun muss ich bis morgen warten, dann kommt unser Freund. Da nur im Schlafzimmer kein Strom ist, muss ich ihn mit Taschenlampe zu Bett bringen. Kaum sitze ich vor dem Fernseher, kommt er rein und sagt: „Hasi, es geht kein Licht im Schlafzimmer."

„Ich weiß, es ist kaputt. Ich lasse im Flur das Licht brennen, dann siehst du was."

Er tappelt zurück. Keine fünf Minuten später kommt er wieder und sagt mir, dass das Licht nicht geht.

„Ich habe dir doch deshalb das Licht im Flur angemacht. Geh nur wieder ins Bett." Ich höre ihn bis ins Schlafzimmer gehen und schalten. Er kommt wieder zurück. Ich gehe ihm entgegen und bringe ihn ins Bett. „So, nun schlaf schön." Ich bleibe einen Moment und lege mich neben ihn, bis er schläft. Als ich wieder sitze, denke ich: Puh, endlich Ruhe. Das kostet Nerven.

Als ich morgens aufstehe, liegt ein toter Vogel auf dem Flur. Hat eine der Katzen gebracht. Nachdem Hapi aufgestanden ist, sage ich zu ihm: „Bitte, wirf den Vogel in die Mülltonne." Ich wundere mich, dass er nicht an der Tür vorbeikommt, um in den Garten zu gehen. Ich sage nochmal: „Holst du bitte den Vogel."

„Was für ein Vogel? Wo denn? Da ist keiner."

Ich gehe zur Schlafzimmertür. Der Vogel ist weg.

„Wo hast du ihn gelassen?"

„Hier war kein Vogel."

Man, am frühen Morgen schon wieder. Wo hat er ihn nur hingetan? Hoffentlich ins Klo geschmissen, denn dann stinkt es nicht. Besser, als wenn er ihn irgendwo versteckt hat.

Nun lasse ich ihn mal allein beim Anziehen. Er wollte sich vorhin nicht helfen lassen. Er kämpft mit dem Schlafanzugoberteil, weil es sich nicht als Hose anziehen lässt. Nun wird er wütend, weil er nicht einmal mehr die Hose anziehen kann. Er lässt sich jetzt doch helfen.

Sein Sohn kommt mal wieder nach einem halben Jahr. Hapi ruft mich und sagt: „Hasi, komm mal, da ist einer, den du kennst."

Ich sage zu seinem Sohn: „Warum erzählst du nicht, wer du bist?" Er hatte aber nur seinen Namen genannt und nicht erwähnt, dass er sein Sohn sei. Ich erzähle ihm, dass sein Vater einen Herzinfarkt hatte, und dass es ihm gut geht, sieht er ja selbst.

Als er weg ist, spreche ich noch einmal über seinen Sohn mit Hapi.

„Was für ein Sohn?"

„Na, er war doch vorhin da."

„Was für ein Sohn, wer sagt denn, dass es mein Sohn war? Wo wohnt der? Wo ist der jetzt?"

Er war sehr erregt. Sein Sohn, ist ja lächerlich!

Würde der sich öfters sehen lassen, vielleicht würde er ihn noch erkennen.

Ich sage Hapi zum wiederholten Mal, dass mein Sohn heute kommt und ich mich sehr freue. Da meint er, warum er kommen würde? Ob er selbst was davon habe?

Das tut weh. Früher hat er sich sehr gefreut, denn er mochte ihn so sehr.

Trotzdem sagt er dann: „Wenn es dir Freude macht, dann ist es gut. Du sollst dich wohlfühlen."

Also ein wenig Gefühl ist da noch. Aber nur bei allem, was mit mir zu tun hat.

Mein Sohn arbeitete wieder im Garten und verlegt Platten. Hapi fragt, was das für ein Mann sei. Er wäre ja so fleißig.

„Sag ihm mal, er kann mit uns Kaffee trinken, im Schatten, er muss sich ausruhen."

„Schatz, das ist doch mein Sohn."

„Das ist gut. Dann hast du ja Freude."

Heute ist mein Geburtstag, und ich sage es meinem Mann. Er schaut so traurig.

„Was ist denn?"

„Ich komme mir so dumm vor, habe nicht mal ein Geschenk für dich."

Da sagt mein Sohn zu Hapi: „Schau mal, ich habe eben für dich die Orchideen besorgt, weil du ja nicht einkaufen gehen kannst. Ist das recht so? Die kannst du Mama schenken!"

Er hat ihn umarmt und gesagt: „Wir rauchen nachher beide eine Zigarre."

Mein Sohn sagt: „Ich rauche nicht, aber ich habe für dich eine gute Zigarre mitgebracht."

Er umarmt ihn wieder. „Du bist der Beste", sagt er und hat Tränen in den Augen. Mindestens fünfmal fragt er an diesem Tag, woher die Zigarre ist, und jedes Mal bedankt er sich.

Wir sind wieder alleine. Hapi läuft wieder mit Sonnenbrille rum und macht überall Licht.

Ich sage: „Nimm doch die Sonnenbrille ab und setze die hier auf!"

Ich gebe ihm seine Brille.

„Oh, Hasi, du weißt auch alles. Ja, so ist es besser."

„Kannst du mir bitte ein Glas Selters bringen?"

„Für meine Hasi tue ich doch alles", sagt er und bringt mir ein Glas Konfitüre und eine Scheibe Kuchen. Ja, so ist es bei uns.

Am Abend höre ich plötzlich die Pendeltür, die zur Haustür führt. Ich habe Panik, er läuft raus, und ich kann nicht hinterher. Ich gehe zur Tür, und er sagt: „Du weißt schon, dass das strafbar ist? Du darfst das nicht öffentlich zeigen. Eigentlich muss ich die Polizei holen. Die fremden Leute hier und dann das da …", er zeigt auf den Fernseher.

Ich weiß nicht, was er meint, und sage nur: „Ja, ja, geh wieder ins Bett, Schatz."

„Das gleiche Thema hatten wir schon mal", sagt er.

Keine Ahnung, was das jetzt war? Vielleicht irgendetwas aus seiner früheren Ehe?

Mitten in der Nacht geht es los, Jalousien hoch, runter, Fensterläden auf, zu. Dann legt er sich wieder schlafen.

Hapi isst kein Frühstück. Mittags kommt die Fußpflege. Sie hat er an sich rangelassen. Scheinbar hat sie diesmal auch einen Draht zu ihm gefunden. Es war sehr nötig. Erst lasse ich ihn bei mir zusehen, und er kann mit ihr reden. Danach ist er voll des Lobes für sie. Abends isst er wieder nichts.

Am Nachmittag macht er sich in die Hose. Zufällig komme ich in die Küche und sehe es.

„Was machst du da", frage ich ihn.

„Füdli putze (Po abwischen)."

„Aber doch nicht hier. Komm mit ins Bad." Ich mit zwei Krücken, oh je, das ist schwer.

Am Abend hat er das ganze Bett beschmiert, Hose, Hemd … er ist wieder angezogen ins Bett gegangen. Zum

Glück habe ich nach ihm gesehen, wer weiß, wo er es sonst noch hingeschmiert hätte.

Am Morgen habe ich einen großen Berg Wäsche.

Hapi sagt: „Wie sieht denn das hier aus? Wird ja hoffentlich bald besser, sonst schmeiß ich alles raus."

„Erst machst du mir die ganze Arbeit, und dann motzt du auch noch rum."

Ist ja blöd, das zu sagen, denn er weiß ja von nichts, aber ich habe auch nur Nerven.

„Was soll ich jetzt schon wieder gemacht haben, du spinnst, ich klatsch dir gleich eine", mault er rum.

Na, das habe ich ja noch nie von ihm gehört, ist das noch mein Hapi?

Die Haushälterin hat am nächsten Tag noch reichlich Spuren von Teppich und Schränken zu entfernen. Sie sagt: „Im Gästeklo lag unter dem Teppich auch noch allerhand. Hoffentlich geht das jetzt nicht jeden Tag so, denn das schaffe ich dann wirklich nicht mehr."

Hapi ist zum Kaffee und Abendessen wieder nichts. Wo er so gerne isst.

Ich muss wieder Handwerker holen, weil Hapi am Sonnenstore alles überdreht hat und nichts mehr ging. Aber die kennen das ja schon.

Hapi läuft mit nur einer Socke und dem Schlafanzugoberteil über dem Oberhemd herum.

„Ist dir kalt, willst du eine Jacke haben?"

„Wo ist die?"

„Die hängt an deinem Küchenstuhl." Er geht los und kommt mit seinem Stuhlkissen zurück. Er geht wieder zurück und kommt mit meinem Kissen wieder. Er läuft wieder los und bringt sein Kissen. „Da sind doch nur drei Stühle, und auf einem hängt deine Jacke. Diesmal schafft er es. „Soll ich dir helfen?"

„Gerne."

Ich will ihm die Schlafanzugjacke ausziehen und sage: „Die ziehst du abends im Bett wieder an."

Nein, er will sie anlassen.

Mir geht es schlecht, und mir ist schwindelig. Ich muss mich erbrechen. Ich sage Hapi, dass ich mich ins Bett lege. Da er wieder andauernd reinkommt, komme ich nicht zur Ruhe, stehe auf und setze mich in den Sessel. Nun gibt er Ruhe. Ich muss wohl immer bei ihm sein. Er kann sich nicht alleine beschäftigen. Am nächsten Tag geht es mir noch schlechter. Ich kann mich nicht um meinen Mann kümmern und auch kein Essen machen. Ich muss mich endlich darum bemühen, dass er in eine Einrichtung kommt. Die Spittex macht das nicht, gibt mir aber eine Nummer. Endlich lande ich bei einer Tages- und Nachtklinik. Sie nehmen ihn auf, haben aber heute keinen Fahrdienst mehr.

Ich rufe meine Freunde an, und sie kommen vor dem Mittagessen und bringen ihn hin – und um 19 Uhr wird er zurückgebracht. Aber bis er ins Auto steigt, dauert es lange. Er will nicht ohne mich fahren, und die beiden kennt er ja nicht mehr. Dort angekommen, will er wissen, wer denn hier der Verantwortliche ist – und auch für die Küche.

Als sie ihm erzählen, was es zum Essen gibt, läuft er gleich hinter der Schwester her. Ich rufe dann noch beim Arzt an, und sie bringen mir Medikamente. Dann kann ich endlich mal ausgiebig schlafen. Als mein Mann zurückgebracht wird, ist er sehr gut gelaunt. Er weiß aber nicht mehr, wo er war. Hapi freut sich, dass ich bei ihm bin.

Am Morgen wird Hapi früh abgeholt. Es strengt mich an, so laut zu reden, wenn es mir nicht gut geht. Das ist wieder eine Herausforderung. Er will den Ausweis des Mannes sehen ... Ich rate dem Fahrer, er solle sich mit ihm übers Militär unterhalten ... Es klappt, und Hapi geht freudig mit ihm. Da es mir noch immer nicht gut geht, gehe ich schlafen und wache erst nach sechs Stunden wieder auf.

Hapi kommt wieder gut gelaunt zurück und ruft beim Reinkommen: „Hasi, wo bist du?" Der Fahrer hat einen Draht zu ihm gefunden, denn er war auch beim Militär.

Ganz stolz erzählt Hapi mir, dass der Hauptmann ihn nach Hause gebracht habe. Ich solle ihm doch Abendessen machen. Aber er sagt, er müsse zurück in die Kaserne, und das konnte Hapi verstehen.

Das Abholen von zu Hause wird jeden Morgen schwieriger. Ich bitte den Fahrer, zu fragen, ob er drei Tage über Nacht bleiben könne. Als ich wieder geschlafen habe, rufe ich in der Klinik an, um nachzufragen, ob es klappt mit der Übernachtung. Sie hatten sich gerade beraten und sehen es als fast unmöglich an, ihn über Nacht zu behalten. Er verhält sich bockig, isst kaum und äußert sich verbal sehr böse. Er will nach Hause ... Er müsse in eine psychiatrische Unterbringung, und sie geben mir Nummern.

Dann will ich seinen Sohn bitten, seinen Vater für ein paar Stunden zu beaufsichtigen, aber die Telefonnummer stimmt nicht mehr. Na, und seine Tochter kümmert sich ja eh seit vielen Jahren nicht mehr. Na gut, lasse ich es auf mich zukommen.

Hapi kommt wieder glücklich nach Hause.

„Ach, mein Schatz, ich muss dich hierbehalten, das will ich dir nicht antun. Es geht mir auch etwas besser." Ich werde sehen, ihn, solange wie möglich, hier zu belassen.

Inzwischen mache ich mir Gedanken, zurück nach Deutschland zu ziehen, denn dort sind meine Kinder, und ich habe mehr Hilfe. Hapi sagt nämlich, er habe genug von dem Lager, er gehe jetzt zurück in die Schweiz.

Ich frage: „Wo bist du denn jetzt?"

„Na, im Schwabeland."

Damit meint er Deutschland. Ich sage: „Schau mal aus dem Fenster, hier ist doch die Schweiz. Siehst du dort die Berge?"

„Na, wer weiß denn, ob das zur Schweiz gehört?"

Also kann ich den Umzug planen, da er sowieso denkt, in Deutschland zu sein.

Seit Hapi wieder zu Hause ist, habe ich das Gefühl, es geht ihm besser. Es ist eben sein gewohntes Umfeld, und das tut ihm so gut.

Es gibt hier eine KESB – Kinder-und-Erwachsenen-Schutzbehörde. Wenn ich das Haus verkaufen will und er dement ist, muss diese Behörde sich darum kümmern, wie ich erfahre. Die Kollegen von dort denken, so habe ich es zumindest empfunden: Da kommt eine aus Deutschland, heiratet einen viel älteren Mann und will sein Haus verkaufen, weil er angeblich dement sein soll. Ich sage denen, sie könnten gerne jeder Zeit herkommen und sich ein Bild machen. Aber sie erwarten einen Bericht von einem Psychiater. Dort kriege ich ihn aber nicht hin. Seine Hausärztin kennt uns ja gut und bittet den Psychiater, mal ausnahmsweise einen Hausbesuch zu machen.

Inzwischen gehen mir so viele Gedanken durch den Kopf, was ich alles für den Umzug erledigen muss.

Hapi hat ein neues Hobby: Taschentücher! Er faltet und dreht und wendet sie, und ich finde sie überall, im Geschirrspüler, im Flaschenbeutel, auf dem Tisch, in den Blumentöpfen, auf der Terrasse, im Klo …

Heute kommt der Psychiater. Ich mache mir Gedanken, wie ich ihn Hapi vorstelle, damit er ihn auch reinlässt. Er ist nicht gut drauf heute. Er hat Gleichgewichtsstörungen und redet so konfuses Zeug. Ich gehe auf die Toilette, und er will hinterher.

„Bleib doch kurz hier, sonst fällst du noch hin", sage ich zu ihm. Immer will er da sein, wo ich bin. Kaum bin ich raus, da höre ich einen Rums und kurz darauf: „Maaaaami!!!" Er liegt an der geöffneten Eingangstür. Vielleicht dachte er, ich würde weggehen. Ich rolle mit meinem Stuhl zu ihm hin, ziehe die Bremse an und versuche, ihn hochzuziehen. Nach einigen Versuchen klappt es. Zum Glück hat er sich nichts getan.

Der Arzt kann mit ihm keine Tests machen, er ist zu wirr. Hapi reagiert nicht auf seine Fragen. Hapi geht aus dem Zimmer, und als er wieder reinkommt sagt er, er sei eben aus einem Traktor gestiegen, der ihn nach Hause brachte.

„Wo ist mein Auto? Wo sind denn alle? Hast du angerufen, dass ich wieder da bin? Sonst suchen sie mich in Amerika und in ganz Europa."

Er ist total durcheinander. Er läuft mit nur einem Schuh herum und legt den anderen auf den Tisch neben das Trockenfutter der Katzen und fragt, ob die zusammengehören? Als der Arzt geht, frage ich ihn noch nach ein paar Tipps im Umgang mit meinem Mann. Da lächelte er mich so durchdringend an, als wolle er sagen, er gehöre ins Heim.

Aber ich verstehe ihn auch ohne Worte und sage: „Solange ich es schaffe und er nicht täglich in die Hose macht, versuche ich es weiter."

Er sagt: „Am besten ist es, ihm immer recht zu geben, dann ist er ruhiger."

„Ja", antworte ich, „das habe ich auch schon gemerkt. Es ist aber nicht einfach, denn ich habe auch nur Nerven."

„Aber Sie machen das doch ganz ausgezeichnet, ich bewundere Sie."

„Danke", sage ich.

Mein Mann spielt mit Katzentrockenfutter. Fünf Bröckchen liegen neben dem Becher. Ich sage: „Leg die nur rein in den Becher."

„Nein, das geht nicht, wenn das einer sieht."

Dann holt er seine vielen Kugelschreiber und nimmt sie auseinander. Er kriegt sie wie immer nicht mehr zusammen und gibt sie mir. Ich soll aber vorsichtig sein, es dürfe niemand wissen. Dann lässt er noch die Jalousien runter. Ich ziehe sie wieder hoch.

Als ich um 23 Uhr schlafen gehe, setzt er sich hin, macht das Licht an und sagt: „Was machen wir jetzt?"

„Nichts", sage ich, „du machst das Licht aus und wir schlafen." Dann meint er, so gehe das nicht. Wir müssten doch anrufen und Bescheid sagen. Ich antworte nicht, und er legt sich hin. In der Nacht bemerke ich, wie er an seinen Sachen rumfummelt. Ich schlafe wieder ein.

Auf einmal höre ich: „Maaaaami!!!"

Träume ich? Ich stehe auf und höre ihn wieder rufen. Ich finde ihn im Wohnzimmer, stöhnend vor der Heizung liegen. Seine Beine steckten in den Ärmeln seines Oberhemdes, weshalb er auch sicher gefallen ist. Natürlich versuche ich, ihn hochzuheben, aber ich schaffe es diesmal nicht. Sein Rücken tut ihm weh, und da traue ich mich nicht, so zu ziehen. Ich rufe die Rettung, die nach zehn Minuten da ist. Sie stellen ihn schnell auf die Beine. Es sieht aus, als habe er sich nichts getan. Um drei Uhr sind wir im Bett. Hapi redet wieder viel wirres Zeug. Immer wieder fragt er: „Wo sind sie, hast du ihnen Bescheid gegeben?

Irgendetwas aus seiner Vergangenheit.

Morgens sind wir erst um elf Uhr wach. Hapi fragt: „Hat es geschneit?"

„Nein, Schatz, es sind dreißig Grad draußen."

Wir essen draußen auf der Terrasse, aber Hapi isst nur einen Löffel voll. Mal sehen, was heute so alles passiert.

Sein Sohn kommt mal wieder kurz vorbei. Als er bemerkt, dass Hapi nicht versucht, sich am Gespräch zu beteiligen, und auch nichts hört, sagt er, er hätte ihn schon lange ins Heim gesteckt.

„Warum machst du dir die Arbeit?"

Ich bin schockiert über diese Frage. Kein bisschen Liebe oder Achtung. Na gut, viele raten mir schon dazu, auch meine Ärztin, aber in einem anderen Ton. Mitleid mit mir steckt da sicher nicht dahinter, denn sonst hätte er ja mal irgendwann helfen können. Ich bin froh, als er wieder weg ist. Ich habe lieber Menschen hier, die meinen Mann mögen.

Hapi sagt am Abend, er wüsste nicht, wo er seinen Vater finden könne. Er möchte ihn besuchen.

Ich frage: „Was denkst du denn, wo er sein könnte?" Er zuckt die Schultern. „Wie alt bist du denn, Hapi?", will ich wissen.

„Müsste ich nachrechnen."

„Na, dann tu es doch."

Aber dabei bleibt es. Als ich wieder frage, sagt er: „So um die dreißig."

Da es mit ihm immer schlimmer wird, rufe ich seine Tochter an und frage, ob sie ihren Vater noch einmal sehen möchte, denn wir zögen nach Berlin. Sie war über zwanzig Jahre nicht hier, und mein Mann wollte sie auch nicht mehr sehen. Und er würde auch nicht wissen, wer sie ist.

Aber sie verneint es.

Nun gut, das muss sie selbst wissen. Ich meine es nur gut, denn man hat nur einen Vater. Dann will sie aber noch wissen, ob ich eine Vollmacht besäße, ihr Elternhaus zu verkaufen? Ich sage: „Wir sind lange verheiratet." Ob er ein Testament hat? „Sicher hat er vor unserer Ehe ein Testament gemacht."

Sie meint, da wären noch Sachen, die ihrer Mutter gehören. Davon weiß ich nichts, das war vor meiner Zeit. Ich bin froh, als das Gespräch beendet ist. Trotzdem bedankt sie sich zum Schluss.

Drei Tage später kommen überraschend Hapis Kinder. Die Tochter sehe ich zum ersten Mal. Sie hatte eine eisige Mine. Sie sieht Hapis verstorbener Frau sehr ähnlich. Ich bitte beide, schon mal auf die Terrasse zu gehen. Hapi läuft hinterher. Von der Tochter kommen nur Fragen. Vor allem über Dinge, die sie nichts angehen. Ob ich schon bei der KESB war, wer sein behandelnder Arzt ist, wo sein Testament ist, wo seine Waffen sind ... Schließlich habe er ja auch Familie. Die Antwort auf die Familie habe ich mir verkniffen.

Nun weiß ich, weshalb mein Mann mir sagte, wenn er mal nicht mehr sei, soll ich mich mit seinen Kindern nicht allein an den Tisch setzen. Ich sage: „Selbst wenn die Polizei die Waffen nicht mitgenommen hätte, wollte euer Vater sie einem Schießverein vererben."

Hapi erkennt seine Kinder, wie zu erwarten war, nicht und versteht zum Glück auch nicht, was sie sagen. Er hält die ganze Zeit meine Hand, als würde er ein ungutes Gefühl haben und mich beschützen müssen.

Wie froh bin ich, als sie wieder weg sind. Jedenfalls habe ich ihr die Möglichkeit gegeben, ihren Vater noch einmal zu sehen. Noch am Abend musste ich über das Zusammentreffen zwischen Tochter und Vater nach über 20 Jahren nachdenken. Mir fröstelt es bei so viel Kälte. Ich verstehe das nicht, denn mein Schatz ist so ein liebevoller und warmherziger Mensch. Das spornt mich doppelt an, ihn so lange es geht bei mir zu haben. Wenn das einer verdient hat, dann er.

Am Abend gegen 20 Uhr fragt er mich, wann es Essen gäbe? Das geht so weiter bis 21 Uhr, alle fünf Minuten. Ich hole einen Apfel und ein paar Trauben und mache ihm einen Obstteller zurecht. Danach sage ich ihm: „Nun kannst du ins Bett gehen, und morgen früh frühstücken wir wieder zusammen.

Er gibt mir einen Kuss und sagt: „Darauf freue ich mich schon jetzt."

Zum Frühstück versucht er, die Obststückchen, die auf die Tischdecke gedruckt sind, mit der Gabel zu essen. Nur schwer lässt er sich davon abhalten. Immer wieder zeige ich ihm seinen Teller, aber wie ein trotziges Kind versucht er es trotzdem. Mittags muss ich kurz an die Tür, und als ich zurückkomme, sehe ich, wie er Apfelmus unter seinen Kartoffelbrei rührt und gerade dabei ist, Blumenwasser hinzuzugießen. Nach dem Essen, wir sitzen im Wohnzimmer, nimmt er den Adapter von meinem Laptop und drückt daran rum.

„Was möchtest du tun?"

„Ich will einen anderen Sender haben."

„Warte, Schatz, hier mit der Fernbedienung geht das besser."

Dann erzählt er mir mit Tränen in den Augen von seinem Hund Ria. Den hatte er als kleiner Junge zu Hause. Von seinen Großeltern, von seinen Eltern und von seinem Bruder spricht er dann und stellt mir viele Fragen, die ich aus seinen früheren Erzählungen beantworten kann. Sein Gleichgewicht ist heute auch wieder stark eingeschränkt.

Es kommen zwei Damen dieser KESB-Behörde. Sie fragen mir Löcher in den Bauch, nachdem sie sich ja nun selbst überzeugen konnten, dass sie mit meinem Mann nicht reden können. Sie lassen durchblicken, dass sie entscheiden, ob ich das Haus verkaufen darf. Sie fragen auch nach seinen und meinen Kindern, ob die wüssten, dass ich mit ihm ausziehen will. Wahrheitsgemäß beantworte ich alle Fragen. Ich soll die Hausärztin herbestellen, sie bräuchten einen Bericht.

Ich sage: „Es war doch der Psychiater auf Ihren Wunsch hier."

„Ja, aber der war nur als Gutachter da."

Am Abend fragt mich Hapi, wo seine Frau sei?

„Aber, Schatz, da bin ich doch!", sage ich und gebe ihm einen Kuss.

„Ach, du bist das?" Er drückt mich ganz fest. „Du darfst mich nicht allein lassen."

Fremde Menschen waren im Haus, und schon ist er durcheinander.

„Selbstverständlich bleibe ich bei dir."

Dann sagt er plötzlich: „Ab 12 Uhr wird das Lokal benutzt. Wo bleibt der Publikumsverkehr? Wo sind eigentlich meine Eltern? Ich will doch seinen Vater mitnehmen. Ich würde es gerne Jüngeren überlassen mit längerem Stab – und nicht einfach so. Da muss schon mehr dahinter sein."

Ich verstehe überhaupt nicht, wovon er gerade redet. Er steckt irgendwo in der Vergangenheit fest, als junger Mann.

Hapi schläft im Sessel ein. Ich sage: „Geh doch ins Bett, Schatz, du bekommst ja Rückenschmerzen. Ich bringe dich hin."

Er steht auf und schaut mich lange an. Ich denke, er erkennt mich nicht und frage: „Was ist los?"

„Ich muss dich immer ansehen, weil du so ein Goldstück bist, das alles kann und alles für mich macht, so etwas krieg ich nie wieder. Du deckst alles Schlechte zu. Wenn dich mir jemand wegnehmen würde, den würde ich umfahren."

Bei solchen Worten weiß ich, es ist richtig, ihn bei mir zu lassen und nicht ins Heim zu geben.

Ich war lange nicht aus dem Haus, habe aber Angst, ihn allein zu lassen. Dann kommt seine Hausärztin. Sie kann auch nichts anderes schreiben als das, was der Psychiater schon geschrieben hat. Sie legt mir noch einmal ans Herz, meinen Mann endlich loszulassen und ins Heim zu geben. Leichter gesagt, als getan. Er war ja schon kurzfristig da und auch im Krankenhaus. Aber ich sehe doch, wie er dann in schlechterer Verfassung zurückkehrt und wie wohl er sich hier zu Hause fühlt.

Einen Tag später ruft mich seine Ärztin an und sagt, sie habe mit der Heimleitung gesprochen und würde alles für eine Einweisung organisieren.

Sicher, inzwischen ist es viel schlimmer geworden, aber ich bin noch nicht soweit. Und wenn, dann nur kurzfristig, wenn ich den Umzug vorbereiten muss. Ich brauche noch Zeit.

Hapi ruft: „Hat jemand meine Frau gesehen?"

„Aber, Schatz, ich sitze doch hier." Der Arme ist wieder so durcheinander.

Ein ist ein schöner Tag im Sommer. Jetzt geht es los, es wird noch schlimmer, als ich es mir je vorstellen konnte.

Kot von Hapi im Futternapf der Katzen, im Waschbecken, an der Gefrierschranktür ... zum Glück überall dort, wo ich rankomme.

Hapi kommt aus dem Bett ins Wohnzimmer und fragt: „Wie bist du hierhergekommen? Ich ziehe gleich wieder flach, habe ja keinen Marschbefehl. Und wenn einer aus Zürich kommt, dann bist du ja da."

„Ist okay", sage ich, „leg dich wieder hin." Nun ist er wieder Hauptmann.

Morgens gehe ich in die Küche. Mein Mann schläft noch. Plötzlich steht er in der Tür – mit seinem Oberteil vom Schlafanzug als Hose.

„Die Unterhose ist weg, Hasi."

Nein, bitte nicht schon wieder. Ich mache mich auf die Suche. Da ich aber nicht so viel laufen kann, finde ich sie nicht. Wenn sie schmutzig sind, versteckt er sie immer. Ich kenne noch nicht alle Verstecke. Nachher kommt die Haushaltshilfe, und sie sucht dann intensiver. Am Nachmittag habe ich mich dazu hinreißen lassen, mit ihm über das Heim zu reden. Weil ich ihn ja während der Packerei zwei bis drei Tage ins Heim geben wollte.

Ich sage: „Wenn ich mal ins Krankenhaus muss, dann kannst du nicht allein bleiben." Das war dumm von mir, denn mit Vernunft kann ich ja bei ihm nicht rechnen. Dass er dort schon mal war, weiß er ja nicht mehr. Nun kommt es bei ihm vielleicht so an, als ob er für immer ins Heim müsse. Er läuft nun überall hin und her und macht ständig die Schränke auf und zu. Bis zum Abend hat er sich beruhigt.

Ich sitze im Büro und höre ein Rumsen. Ich finde Hapi im Flur auf dem Boden und lege ihm erst einmal ein Kissen unter den Kopf. Telefonisch erreiche ich niemanden. Also versuche ich es wieder allein. Fahre so dicht wie möglich an ihn ran, ziehe die Bremse an und reiche ihm meine Hand. Wieder geschafft. Hapi hat sich nichts getan.

Er läuft ins Wohnzimmer, kommt zurück und fragt: „Was machst du hier im Flur?"

„Du hast dort unten eben gelegen, und ich habe dir hochgeholfen."

Er lacht und sagt: „Was du so alles erzählst."

Ich sehe nach der Haustür, weil ich dachte, er wollte dort hinaus. Kein Schlüssel!

„Schatz, wo ist der Schlüssel?"

Ich hänge mir meinen um den Hals. Meine Geldbörse hängt an meiner Krücke. Dann sehe ich, der Terrassenschlüssel ist auch weg. Wer weiß, was in seinem Kopf vorgeht. Ich nehme alle Schlüssel von den Fenstern ab. Die passen ja auch in die Terrassentür. Wieder eine Hand voll Schlüssel mehr. Ihn nach den Schlüsseln zu fragen, macht ja keinen Sinn, denn er sieht immerzu irgendwelche Leute hier rumlaufen. Und er fragt mich, was die hier zu suchen haben … Er würde sie für den Schlüsselschwund verantwortlich machen.

Jetzt fällt er zwei- bis dreimal pro Tag hin. Er fängt an, unsauber zu werden, macht überall seine Häufchen hin. Nun ist es soweit, es geht nicht mehr zu Hause. Auch weiß er nicht mehr, wo er ist, wie er heißt, wie alt er ist … Aber mich kennt er noch immer.

Gedanken zur Demenz in den letzten Monaten meines Mannes

Vor vier Jahren begann es. Mein Mann machte plötzlich Sachen, die ihm nicht entsprachen. Ein zügig voranschreitender Prozess, in den ich hineinwachsen musste. Er reagierte manchmal abwehrend, was ich nicht von ihm kannte. Dies war auf einmal häufig der Fall, da Hapi schwer mit eigenen Einschränkungen umgehen konnte und nun dazu neigte, Fehler anderen anzulasten. Auch sah er keinen Anlass, über diese Krankheit zu sprechen, da er sich selbst als kompetent und gesund einstufte. Es wäre eine Möglichkeit gewesen, die Frage hypothetisch zu stellen: „Was wünscht du dir, wenn du einmal zunehmend auf Hilfe angewiesen sein solltest?" oder „Was wäre dir wichtig, wenn du mal Alzheimer bekommen solltest"? Durch ein solches behutsames Herantasten an die Thematik merkte ich relativ schnell, worüber mein Mann zu sprechen bereit war und worüber nicht. Er hat mal gesagt, wenn er Alzheimer bekäme, würde er sich erschießen. Ich denke mal, er hatte es schon bemerkt, wollte es aber doch nicht wahrhaben oder noch vor sich herschieben, weil er so viel Zeit wie möglich mit mir verbringen wollte. Als Frau möchte man den Gedanken, den eigenen Mann einmal aus seiner vertrauten Umgebung herauslösen zu müssen und sich dadurch von ihm auch ein Stück weit zu trennen, möglichst weit fernhalten. Teils ist bereits der Gedanke daran nicht nur schmerzlich, sondern auch mit Schuldgefühlen oder schlechtem Gewissen verbunden, weil man sich als Ehepartner selbstverständlich verpflichtet fühlt, den Kranken so lange wie möglich zu Hause zu betreuen.

Die Entscheidungsverantwortung liegt bei mir. Ich muss in Abwägung aller relevanten Faktoren, einschließlich der Grenzen der eigenen Belastbarkeit, entscheiden, wie es weitergeht. Ich müsste dann sogar gegen den momentanen Willen meines Mannes einen Umzug in ein Pflegeheim veranlassen, und genau das kann ich nicht. Ich will solange aushalten, bis ich für mich der Meinung bin, nun hat er kein Heimweh mehr, weil er ja sowieso nicht weiß, wo er ist.

Habe ich die Entscheidung deshalb so lange hinausgeschoben, da die Schuldgefühle, der Schmerz um den Verlust von Hapi und die Sorge, dass es ihm im Heim schlechter gehen könnte, so groß sind? Ich denke, ich habe dann lieber eine grenzenlose Selbstüberforderung in Kauf genommen, die sich hoffentlich nicht auch auf meinen Mann negativ ausgewirkt hat. Denn in einer Überforderungssituation reagiere selbst ich mit meiner grenzenlosen Ruhe auch manchmal gereizt, was mich total traurig macht. Meine Familie, Bekannte, Freunde, Ärzte … sind sich im Klaren, wie kraftraubend und hoch die Anforderungen bereits sind. Überschätze ich mich selbst? Oft kann ich auch die positiven Aspekte seines Umzuges zu wenig sehen. Oder sehe ich sie nicht, weil ich nicht loslassen kann?

Ich denke, wenn ich mich dazu überwinden könnte, ihn in ein Pflegeheim zu geben, könnte ich Hapi dort ausgeruht besuchen und mich während des Besuches ganz auf ihn einstellen, ohne durch andere Anforderungen wie Pflege, Haushalt usw. abgelenkt zu sein.

Die Schwierigkeit, eine Entscheidung zu treffen, hat natürlich auch damit zu tun, dass es oft nicht einfach ist, einzuschätzen, wann denn der Umzug sinnvoll und notwendig wird. So überlege ich mir, ob so ein Umzug in eine Pflegeeinrichtung zu einem starken Einbruch seiner Fähigkeiten und seiner Stimmung führen könnte. Wie ich ja schon erfahren habe, führt jede größere Veränderung seines gewohnten Umfeldes zu einer Veränderng. Deshalb will ich seinen gewohnten Lebensrhythmus solange wie möglich aufrechterhalten.

Ich mache mir ständig Gedanken. Welcher Ton herrscht im Umgang mit Demenzkranken in solch einer Einrichtung? Wird ihm oft gesagt, was er zu tun und zu lassen hat? Denn das mag er nicht – er hatte eine führende Position im Militär inne. Wird er auf Grund seiner eingeschränkten Kommunikationsfähigkeit weniger beachtet oder übergangen? Oder wird ihm Respekt entgegengebracht? Geht man trotz seiner mangelnden Kooperationsbereitschaft einfühlsam und verständnisvoll mit ihm um? Werden sie Hapi Toleranz in Bezug auf sein verändertes Verhalten entgegengegenbringen? Darf er dort Gegenstände hin- und herräumen, wie er es gewohnt ist, und wird flexibel auf seine Schlaf- und Essgewohnheiten eingegangen? Sind sie bemüht, seine Selbständigkeit zu erhalten? Wenn er sich bei Aktivitäten nicht beteiligen will, wird er dann dazu gezwungen? Was machen sie, wenn er sich nicht waschen oder rasieren und anziehen will?

Das alles geht mir ständig durch den Kopf und lässt mich schlecht schlafen – und auch natürlich, dass ich auf jedes Geräusch achten muss.

Weiterhin überlege ich, wie belastend mein demenzkranker Mann den Umzug erleben wird und wie klar er vertraute Personen aus seinem Lebensumfeld noch wahrnimmt, nämlich mich. Seine Kinder erkennt er ja nicht mehr. Mich nimmt er noch immer als vertraute Person wahr. In diesem Fall hat ja sein Zuhause eine stützende Bedeutung.

Oder empfindet – er zu seinen Gunsten – den Umzug kaum als bedeutsamen Einschnitt oder als Veränderung? Denn sein gewohntes Lebensumfeld verliert ja sichtlich an Bedeutung, je weiter die Krankheit fortschreitet.

Die Unruhe und die Aktivität rund um die Uhr – die insbesondere auch in der Nacht auftreten –, und die Tatsache, dass Hapi mit Kot herumschmiert, macht die Betreuung zu Hause bald unmöglich. Hier kommt meine Belastungsfähigkeit wegen meiner eigenen Behinderung an ihre Grenze. Ich gerate selbst in Gefahr, psychisch und gesundheitlich Schaden zu nehmen.

Oft leide ich unter Schuldgefühlen, wenn ich daran denke, seine Betreuung in andere Hände zu geben. Ich weiß, ich muss keine Schuldgefühle haben, aber es wird sicher Wochen oder Monate dauern, bis solche quälenden Gedanken nachlassen.

Oft spreche ich mit verständnisvollen Menschen über meine Gedanken und Gefühle und gestehe mir diese als Teil meiner Sorgen und Trauer um meinen Mann zu.

Ich muss meinen Blick zunehmend auf die neuen Möglichkeiten, die mir die Veränderungen durch die Betreuung im Heim bieten, richten. Je mehr es mit der Zeit möglich wird, mich bei den Besuchen gelassen und ruhig zu zeigen, desto mehr profitiere ich selbst und auch Hapi davon, denke ich.

Gedanken zum Umzug in eine Pflegeeinrichtung

Ständig überlege ich, wie es mit meinem Mann weitergeht. Ich schreibe mir auf, was spricht für und was gegen eine Unterbringung im Heim.

Was spricht für einen Umzug?

- Die eigene Wohnung wird oft nicht mehr erkannt und Wege zur Toilette, ins Schlafzimmer oder Ähnliches werden nicht mehr gefunden.
- Bin angespannt und durch die Pflege überfordert. Hilfe durch Pflegedienste lehnt er ab.
- Verhaltensweisen wie Nachtunruhe, Kotschmieren oder Ähnliches nehmen deutlich zu, und Medikamente und betreuende Hilfe bringen keine wirksame Entlastung.
- Es wird von Seiten der Ärzte ein Platz in einer geeigneten Pflegeeinrichtung angeraten.

Was spricht gegen einen Umzug?

- Selbst kleine Veränderungen im gewohnten täglichen Ablauf verunsichern ihn und können sich teilweise noch Stunden danach negativ auswirken.
- Hapi ist misstrauisch und lehnt Kontakte zu neuen Personen oft ab, auch wenn diese bemüht sind, sich auf ihn einzustellen.
- Er fühlt sich im sozialen Umfeld zu Hause sehr wohl und gut versorgt. Auch hängt er sehr an mir, da ich gerne für ihn da bin.

Jedes Mal, wenn ich mir Gedanken dazu mache, ihn ins Heim zu geben, kommen mir die Tränen. Jeder kann ja seine gut gemeinte Meinung dazu abgeben, aber ich muss es letztendlich entscheiden und damit leben. Mein Verstand sagt „Ja" und mein Herz sagt „Nein". Dieser Mann, der mein Herz im Nu erobert hat, mich wunderbar behandelt und geliebt hat, den muss ich nun, der Vernunft gehorchend, gehen lassen. Ich weiß seit vier Jahren, dass dieser Moment kommen würde, habe ihn aber immer verdrängt, in der Hoffnung, das würde sich schon irgendwie regeln.

Es ist soweit, ich muss zugeben, dass es für uns beide das Beste ist, wenn mein Mann ins Heim zieht. Ich rufe im Heim an. Die warten ja schon lange.

Hapi ist heute so gut drauf wie schon lange nicht mehr. Redet kein wirres Zeug. Ausgerechnet, wo ich für ihn in vier Tagen einen Heimplatz habe.

Leider zu früh gefreut. Schon fragt er wieder, wo sein Bruder sei? Ich solle ihn doch einladen.

Wenn ich an den Umzug denke, geht es mir nicht gut. Ich komme mir schlecht vor. Ich weiß ja, ich muss mir keine Vorwürfe machen, aber es ist leichter gesagt, als getan. Niemand wirft mir das vor, aber ich muss allein damit klarkommen. Vom Heim hat ein Pfleger angerufen, um mir Ratschläge für seinen Einzug zu geben. Sie wissen, wie es mir geht, und sie sind bemüht, es mir leichter zu machen.

Eigentlich sollte Hapi heute ins Heim kommen, aber ich habe noch um ein paar Tage Aufschub gebeten. Ich kann es noch nicht. Es ist so furchtbar. Es ist schlimmer, als wenn er tot wäre. Als er heute ins Bett geht, sagt er zu unserem Kater: „Gib Mammi ein Küsseli, sie ist so eine Liebe." Dreimal sagt er mir gute Nacht und meint, wie fast jeden Tag, ich sei die Beste und Liebste, er könne nicht mehr tun, als immer nur Danke sagen.

Ich könnte nur noch heulen ... alles Sch...

Aus Berlin bekomme ich die Nachricht, dass es mit der Wohnung klappt. Zuerst dachte ich, wir zögen beide dort ein. Dann hätte er auch wieder eine Terrasse und kleinen Garten gehabt. Aber so richtig kann ich mich im Moment nicht freuen – wegen Hapi. Ich habe ein Zimmer in einem Seniorenheim für ihn, aber ob er das noch erleben würde. Das ist dann schräg gegenüber von meinem Haus, wo ich mit dem Rollstuhl täglich hinfahren und ihn auch mal in meine Wohnung mitnehmen kann.

Vom Pflegeheim hier bekomme ich einen Brief:

Sehr geehrte Frau ...,
herzlichen Dank für Ihre Mails und Unterlagen. Ich sehe, dass Ihnen der Eintritt Ihres Mannes ins Pflegezentrum sehr schwer fällt und kann Ihre Sorgen gut verstehen. Es ist ein großer und schwieriger Schritt, auch für Angehörige. Ich wünsche Ihnen von Herzen alles Gute und viel Kraft.

Ich sitze da und weine ohne Ende. Bald ist es soweit. Mein armer Schatz.

Mein Mann sagt, er habe Hunger. Eigentlich haben wir ja gerade Mittag gegessen, ich mache ihm aber trotzdem einen Teller mit Keksen zurecht und Kakao. Eine Stunde später, es ist gerade 15 Uhr, fragt er nach dem Abendessen.

„Ein bisschen musst du noch warten."

Er geht in die Küche, und ich höre es knistern. Hapi hat den Pralinenkasten gefunden, den ich meinen Freunden geben wollte, wenn sie ihn ins Heim fahren würden.

Ich habe meinem Mann einige Seiten für das Heim ausgedruckt. Ein Fotobuch mit all denen, die er in den letzten Jahren kannte, Bilder aus seiner Militärzeit, der Absturz mit seinem Flugzeug ... eben alles, was ihn ausmacht. Dann habe ich noch seine Frühstücks-, Mittags- und Abendbrotteller fotografiert, damit die Angestellten sehen, was und wie viel er isst.

Als er die Militärbilder sieht, sagt er: „Das nehmen wir mit."

Ich bin erstaunt und frage: „Wohin?"

„Na, wenn wir nach Hause gehen."

Er geht zum Schlafzimmer und will mal nachschauen, denn der Marsch gehe gleich los. „Na, so ein Salat", ruft er.

Noch zwei Tage.

Hapi setzt sich aufs Sofa und fragt: „Wo ist denn der Vati? Ist der Vati wieder im Bett?"

Ich sage „Ja!", und er gibt sich zufrieden. Dann bringt er mir alles, was in der Durchreiche steht.

„Was soll ich damit?"

„Weiß ich doch nicht", sagt er.

Es ist 18 Uhr, Hapi geht ins Bett. Vorher bedankt er sich wieder bei mir, was ich die ganze Woche für ihn gemacht hätte. Ich kann kaum die Tränen zurückhalten, bis er draußen ist. Was soll ich nur machen? Das Ganze wieder verschieben?

Aber die Leiterin sagte: „Wer weiß, wann wieder ein Bett frei wird."

Ich rufe meine Freundin an: „Ich weiß nicht, ob es richtig ist. Ich glaube, ich rufe am Montag an und verschiebe es noch mal."

Sie sagt sofort: „Wir kommen morgen zum Kaffee und reden."

Wenn er noch bleibt, ist es ja kein Problem, die Sachen wieder auszupacken. Er fühlt sich so wohl hier. Es ist so schlimm, Abschied zu nehmen, obwohl er doch lebt.

Meine Haushaltshilfe ruft mich an, wann wir packen?

Sie sagt: „Was ist los, geht es Ihnen nicht gut?"

Die Frage reicht schon, und mir laufen die Tränen. Sie sagt: „Sind sie am brüelle?" So sagt man hier in der Schweiz. Ich antworte nur, dass es so schwer wäre. „Sie sind so ein lieber Mensch, haben so viel für ihn gemacht und brauchen doch selbst Hilfe. Es wird doch immer schlimmer mit ihm."

Alle haben ja so Recht, ich weiß es ja. Wenn ich wüsste, er lebt sich dort ein und fühlt sich dort wohl. Aber ich denke immer, er sucht seine „Mami" und fühlt sich abgeschoben. Ich habe mein Bestes gegeben, und er hatte es auch verdient. Aber nun ist die Grenze erreicht, an der ich gesundheitlich nicht mehr kann. Hoffentlich kann ich schlafen. Nachts sehe ich Hapi hin- und herwandern, er macht alle Schlafzimmerschranktüren auf und zu. Ich mache Licht. Hapi lässt die Hose runter, pinkelt in den Schrank, macht wieder zu und geht ins Bett. Oh je, nicht schon wieder. Er hat die Klotür gesucht. Ich nehme alles raus in den Wäschekorb und werde morgen waschen.

Unsere Freunde kommen heute nicht, weil es Benni schlecht geht. Die Fahrt zum Heim morgen gehe aber klar.

Mit dem Essen kommt Hapi wieder durcheinander. Auch weiß er wohl nicht mehr, wann es welche Mahlzeit gibt. Nach dem Kaffee will er gleich Abendbrot essen.

Ich habe Lockenwickler auf dem Kopf und die restlichen sind in einer Büchse. Hapi sieht sie, nimmt sich einen raus und führt ihn zum Mund.

Ich sage: „Hapi nicht, das ist kein Guetzli, das sind Lockenwickler."

Er schaut mich herausfordernd an wie ein Kind, das etwas Verbotenes tun will, nimmt ihn wieder und will abbeißen. Aber da merkt er es und schüttelt den Kopf. Dann gießt er sich Saft auf den Teller und versucht, ihn mit der Gabel zu essen. Ich mache sein Abendbrot fertig, viel mehr als sonst. Er isst alles auf.

Für das Heim habe ich noch ein Blatt zurecht gemacht, damit sie wissen, mit wem sie es zu tun haben. Vielleicht kann ihnen das im Umgang mit ihm eine Hilfe sein.

Heute:
- Aktivitäten keine mehr, Spiele mochte er noch nie.
- Hatte immer und jetzt auch einen Kontrollzwang (Hauptmann beim Militär, möchte das Gefühl haben, er organisiert alles richtig)
- Benötigt Hilfe beim An- und Ausziehen
- Keine selbstständige Körperhygiene
- Essen klappt oft noch ganz gut.
- Gleichgewichtsstörungen, fällt oft hin
- Spielt mit Kot
- Pinkelt in irgendeine Tür, die sich öffnen lässt

Früher:

- Standhaftigkeit, zeichnet den klassischen Schweizer aus.
- Jedes Wort ist überlegt.
- Streng aber nie verletzend, geradlinig
- Stellte sich beschützend über mich.
- Bewusstsein für seine Verantwortung
- Lebenslustig und charmant

Ich schaue ihn an, wie er völlig abwesend in die Welt schaut. Was geht in seinem Kopf vor? Man kann sich da nicht hineinversetzen. Das einzig Gute ist: Er hat keine Schmerzen. Armer Hapi, das hast du nicht verdient.

Einzug in die Pflegeeinrichtung

Heute ist der schlimme Tag. Nachdem ich meinen Mann angezogen und gewaschen habe, frühstücken wir. Ich überlege, an was ich alles denken muss. Als ich ins Wohnzimmer komme, sehe ich, wie er sich gerade seine Hosen hochzieht. Hinter ihm ein Haufen. Ich sage: „Geh bitte mal zur Seite!", aber schon tappt er durch und hin und her. Bis zum Flur gehen seine Spuren. Ich nehme erst mal ein Oberhemd und decke es zu, denn ich kann das da unten nicht sauber machen. Das ist wohl sein Abschiedsgeschenk.

Es macht mir die Situation leichter, denn ich sehe ja nun: Es geht einfach nicht mehr. Die Haushaltshilfe kommt erst am Abend. Nach ein paar Minuten will er alles aufheben, was ich zum Abdecken benutz habe.

„Lass es bitte liegen."

Er versteht nicht, was sein Hemd am Boden soll. „Wer war das?"

Benni und seine Frau kommen, um ihn abzuholen. Eine Stunde diskutiert er mit ihnen und will nicht ins Auto einsteigen. Soviel hat er schon lange nicht geredet. Es hat keinen Sinn. Ich kann leider nicht einsteigen, sonst wäre er auch eingestiegen. Also fahren sie los und bringen erst mal seine Sachen hin. Vielleicht kommt ein Krankenwagen. Es ist, als ob er irgendetwas spürt … dass da etwas ist, was er eigentlich nicht will. Hapi kommt wieder rein und fällt hin. Auch das schaffe ich wieder. Ich rufe im Heim an und frage nach einem Abholservice. Nein, den hätten sie nicht, ich solle doch ein Taxi nehmen. Wäre doch dasselbe. Bis 16 Uhr müsse er dort sein, sonst erst morgen früh.

Ich rufe ein Taxi. Dann kommt noch eine Schwester von der Praxis, die eine Unterschrift von mir braucht. Sie sieht, vor allem riecht, was hier los ist. Sie sagt, in der Praxis hätten sie lange über uns geredet und dass keiner diese Pflegesituation so lange auf sich genommen hätte, noch dazu bei meinem Gesundheitszustand. Aber nun sieht sie, dass alles noch viel schlimmer ist, als ich es erzählte.

Das Taxi kommt. Sie versucht auch, meinen Mann dazu zu bewegen, einzusteigen. Da nützt auch kein hübsches junges Mädchen etwas. Ich zahle das Taxi.

Hapi ist völlig fertig. Als sie weg ist, sagt er: „Ich möchte ins Bett, ist das Bett im Hotel noch frei? Kommst du in das gleiche Hotel, Hasi?"

Ich bestelle wieder ein Taxi … umsonst. Weil ich nicht einsteige, steigt er auch nicht ein. Was tun? Macht das ein Rettungswagen? Dann kommt mir eine Idee. Ich rufe seinen Sohn an. Zum Glück sagt er zu. Bis der Sohn kommt, erzählte ich Hapi laufend von ihm. Er erkennt ihn nicht. Ich erzähle ihm, sein Sohn habe ein neues Auto und würde seine Meinung dazu wissen wollen. Tatsächlich steigt er ins Auto, wenn auch zögerlich.

Hapi sagt: „Alle wollen, dass ich einsteige." Irgendwie spürt er ein Unbehagen.

Als sie weg sind, breche ich weinend zusammen. Ich komme mir so schlecht vor. Das ist so furchtbar, aber es wurde nun Zeit, denn es wurde gefährlich für ihn und für mich. Mein armer lieber Schatz. Vor lauter Aufregung wird er wohl gut schlafen. Es dauert nicht lange, und sein Sohn kommt zurück. Ihm macht das wohl nicht so viel aus. Seine Koffer haben sie gleich wieder mit zurückgegeben. Wir reden noch kurz. Ich bin so froh, als er weg ist, denn ich kann meine Tränen nicht mehr lange zurückhalten. Die Haushälterin kommt, um alles wegzumachen. Auch sie tröstet mich noch, und ich kann nicht aufhören, zu weinen. Als sie dann auch weg ist, sitze ich wie betäubt im Sessel und stiere vor mich hin. Ich kann es noch nicht fassen. Mein Schatz ist weg.

Mein Sohn ruft mich zum Trösten an. Den ganzen Tag hat er an uns gedacht, wie schlimm das doch ist. Ich soll immer anrufen, wenn ich traurig bin oder Langeweile habe.

Es ist gut, zu wissen, dass er stets in seinen Gedanken bei uns ist. Dieser schlimme Tag ist nun vorbei. Ich werde morgen gleich im Heim anrufen.

Ein Pfleger spricht ganz nett mit mir und versichert mir, dass es ihm gut gehen würde. Die Nacht über war er sehr unruhig, und er machte alle Türen auf. Er hat sein Motorrad gesucht. Diese Nacht werden sie ihm was zur Beruhigung geben. Am Tage lässt er sich gut leiten.

„Man merkt, dass er bei Ihnen ein ruhiges, gut strukturiertes Leben geführt hatte."

Ich solle ihn die ersten 14 Tage besser nicht besuchen. Das verstehe ich, es fällt mir aber schwer.

Ich bin heute sehr traurig und muss oft an Hapi denken. Einige Male kommen mir die Tränen … mein armer Schatz. Aber er ist jetzt in seiner eigenen Welt. Nachmittags ruft eine Schwester an, sie müssten mir eine Mitteilung machen. Hapi wäre in der Nacht gefallen und hätte sich an der Stirn verletzt, musste genäht werden und hätte sich fünf Kronen ausgebrochen. Da muss er ja voll aufs Gesicht gefallen sein.

Schon wieder denke ich: Wäre er hier gewesen, hätte ich seine Unruhe bemerkt und wäre bei ihm gewesen. Diese Gedanken darf ich nicht zulassen. Er war so lange wie möglich hier und bis zum richtigen Zeitpunkt, denke ich. Hapi bekommt nun mehr Medikamente zur Ruhigstellung. Ansonsten ist er lieb und freundlich. Am Nachmittag haben sie ihn zum Singen mitgenommen. Oh je☺

Heute weine ich fast den ganzen Tag. Aber es hat auch sein „Gutes". Seit Hapi weg ist, habe ich mich etwas erholt, und mein Zucker hat sich gesenkt.

Besuche im Heim

Ich kann ab jetzt meinen Mann besuchen. Den ganzen Tag bin ich aufgeregt. Wird er mich noch erkennen? Was ist, wenn er mitwill? Mit einem Tixi, so heißt in der Schweiz ein Behinderten-Taxi, fahre ich zu ihm. Ein wunderschönes Gelände. Die Abteilung ist abgeschlossen. Ich fahre mit meinem Rollstuhl rein und suche ihn.

Eine Schwester sagt, sie hole ihn sofort. Auch er wird im Rollstuhl geschoben, da er ja vor kurzem so arg gefallen ist. Er schaut mich lange an, plötzlich lacht er.

Bin ich froh, als er sagt: „Hasi, mein Hasi ist da." Keine Fragen wie: Wo warst du? Holst du mich …? Mir fällt ein Stein vom Herzen. Ich habe ihm Obst und Schokolade mitgebracht, und er lässt sich von mir füttern.

Wir rollen beide auf die Terrasse. Dort läuft gerade eine Katze. Ich sage: „Da ist ja unser Büsi", obwohl ich natürlich weiß, dass es nicht unsere Katze ist. Aber Hapi strahlt und sagt: „Die ist auch immer hier bei mir … Ich möchte dich viel länger hierhaben, auch nachts im Bett."

Als ich noch überlege, was ich antworten soll, sehe ich an seinen Augen, dass er es schon wieder vergessen hat.

Vor der Verabschiedung habe ich Angst. Will er mit? Nein, er ist erschöpft, und ich kann leichten Herzens wieder in mein Tixi steigen. Auf dem Nachhauseweg bin ich froh, dass er nicht mitbekommt, wo er ist.

Das wird die erste ruhige Nacht seit Langem.

Ich fahre wieder zu meinem Mann und habe Kuchen für ihn und die anderen Bewohner und Pfleger dabei. Ich füttere ihn wieder. Die anderen haben sich auch sehr gefreut, denn viel Besucher habe ich bisher nicht gesehen.

Heute fragt Hapi mich: „Wer kümmert sich denn um dich? Wohnst du noch in dem Haus?"

Ich denke: Oje, heute will er mit. Aber da kommt nichts.

Er fragt mich: „Ist dein Zimmer auch hier?"

„Ja", sage ich, „deshalb komme ich ja immer zu dir."

Das klappt gut. Er schaut in meine Tasche, ob noch was Leckeres drin ist. Da findet er eine Bierdose. Ich sage: „Das ist zum Abendbrot, das Bier, und da bleibe ich bei dir."

Er drückt mich ganz fest. Nach dem Abendessen schläft er ein, und als er wieder wach wird, rollt er zu den anderen an den Tisch. Ich gehe wieder, ohne dass er es bemerkt.

Jede Woche fahre ich einmal zu ihm. Er freut sich immer sehr. Heute ist er besonders gut drauf. Er redet unaufhörlich, bis ich gehe. Zwar alles wirr durcheinander, aber er fühlt sich augenscheinlich gut. Eine Mitbewohnerin sagt: „So redet er schon den ganzen Tag, alles durcheinander."

Da leben Menschen, die sind noch lange nicht so dement wie Hapi. Da kann ich dann mal miterleben, wie schlimm es ist, wenn sie noch nicht so verwirrt sind.

Eine Frau setzt sich zu mir und sagt: „Die sind schlimm hier, die haben einfach abgeschlossen und geben mir nicht den Schlüssel. Meine Tochter hat mich hergebracht, und nun kommt sie nicht mehr."

Die Frau will zurück in ihre Wohnung. Sie will mit uns mitkommen, wenn wir spazieren fahren. Ist schlimm, wenn man noch merkt, dass man nicht zu Hause ist. Sie brüllt und ruckelt an der Tür, beschimpft das Personal mit Ausdrücken, weil sie sie einsperren.

Bin ich froh, dass ich Hapi das ersparen konnte.

Inzwischen mache ich mir Gedanken wegen des Umzuges meines Mannes nach Berlin. Natürlich lasse ich ihn nicht hier. Dort, wo ich eine Wohnung haben werde, bin ich nur 100 Meter vom Heim meines Mannes entfernt und kann ihn täglich besuchen.

Ich frage seinen Sohn, ob er seinen Vater, falls ich keinen Krankentransport bekomme, fahren kann. Aber er verneint es. Na gut, das muss ich akzeptieren. Nun suche ich im Internet nach Möglichkeiten. Krankentransporte gehen bis zur Grenze, und ab dort müsste ein Krankenwagen aus Deutschland fahren. Das ist alles viel zu schwer und zu lange für meinen Mann. Im Heim höre ich mich nach Möglichkeiten um, und tatsächlich gibt es eine Pflegerin, die mir einen privaten liegenden Transport für meinen Mann vermitteln kann. So, das wäre also auch geschafft. Sollte das aus irgendeinem Grund nicht klappen, so will mein Sohn ihn holen kommen. Aber nur im Notfall, denn wir wollen Transport und Umzug zur gleichen Zeit machen.

Ich bin wieder zu Besuch. Ich habe eine Tüte mit Lebkuchen dabei und Schokolade für Hapi. Er freute sich wieder, als er mich sieht. Es sind jetzt immer entspannte Besuche, da er nicht weiß, wo er ist. Das Papier der Schokolade lege ich auf den Tisch.

Es ist schon seltsam, wie „interessant" dieses Stück Papier für die Mitbewohner ist. Eine Frau legt ihre Jacke auf den Tisch und schiebt dann das Silberpapier darunter und steckt es dann heimlich ein. Dann kommt eine andere, nimmt es ihr weg, schaut es sich gründlich an und legt es dann wieder hin. Danach kommt ein alter Herr, fasst das

Papier an, dreht es hin und her und drückt dann mit der Faust drauf. Das macht er noch einige Male und geht dann wieder wortlos weg.

Als ich heute wieder einmal bei Hapi bin, geht es ihm nicht gut. Ob er mich erkennt, weiß ich nicht. Wenn er spricht, dann ist es so undeutlich, dass ich es nicht verstehen kann. Auch ist er innerhalb einer Woche sichtbar schmaler geworden. Eine Ärztin kommt zum Abhorchen. Gestern rufen sie mich wegen einer Grippeimpfung an, die ich aber ablehne. Denn das wollte er früher auch nicht und war immer dagegen.

Den 90ten Geburtstag von Hapi habe ich mir ganz anders vorgestellt. Das Personal hat uns einen Tisch in einem separaten Raum gedeckt. Ich bringe ein Kuchenblech mit Weintrauben für die Mitbewohner und Pfleger mit, und für meinen Schatz habe ich eine Schwarzwälder Kirschtorte gebacken. Die liebt er so. Unsere Freunde fahren mit mir hin. Sie haben ihn ja, seit er hier ist, nicht mehr gesehen. Es geht ihm sehr schlecht.

Ich bekomme einen Schreck, als ich ihn sehe. So eingefallene Wangen und große Augen. Unser befreundetes Ehepaar kann auch die Tränen nicht zurückhalten. Er mag nicht mehr essen und trinken. Nicht einmal von der Torte hat er gekostet. Aber meine Hand lässt er die ganze Zeit nicht los. Als wir dann schweren Herzens gehen, fragt mich eine Schwester, ob sie, wenn es nötig ist, den Krankenwagen rufen soll? Ich sagt: „Nein, er möchte keine lebenserhaltenen Maßnahmen. Bitte geben Sie ihm nur etwas gegen die Schmerzen. Er hatte etwas gegen Ärzte und Medikamente, und da will ich jetzt, wenn er es nicht mehr selbst bestimmen kann, nichts gegen seinen Willen tun."

Nach nur zwei Stunden gehen wir sehr traurig nach Hause.

„Hapi, du fehlst mir so sehr!"

Meine Freunde bleiben dann noch etwas bei mir zu Hause, weil sie mich so nicht allein lassen wollten. Als ich dann am Abend für mich bin, nehme ich mir meine Tagebücher vor und lese sie alle. Jetzt, wo ich alles von Anfang an lese, kann ich auch wieder lächeln. Gut, dass ich alles aufgeschrieben habe und auch mit vielen Fotos, denn in der Zeit ist er bei mir.

Als ich fünf Tage nach seinem Geburtstag wieder bei ihm bin, sitze ich an seinem Bett und weine. Hapi schläft. Als er zu sich kommt, streichele ich ihn, und er genießt es sichtlich. Ständig hustet er total verschleimt, und er hat keine Kraft, es abzuhusten. Er fragt mich, ob ich Kinder habe? Dann gibt er mir seine zusammengefaltete Serviette als Schokolade für die Kinder.

Ich sage: „Schatz, ich bin doch deine Frau." Dann strahlt er übers ganze Gesicht und nimmt meine Hand in seine Hände, streichelt und liebkost sie mit Handkuss. Er ist total abgemagert. Es tut so weh, ihn so zu sehen. Sein Körper kann nicht mehr, und er will auch nicht mehr essen und trinken. Er kneife den Mund zu, sagen mir die Schwestern.

„Bitte, lassen sie ihn doch. Er soll sich nicht quälen, sonst verschluckt er sich noch."

Schweren Herzens fahre ich wieder zu meinem Mann. Weiß ich doch, dass es dem Ende zugeht. Es geht ihm nicht besser. Eigentlich weiß ich es ja, aber ein Fünkchen Hoffnung hatte ich doch. Eine Pflegerin schiebt mich in sein Zimmer. Er liegt im Dunkeln und schläft. Ich spreche ihn an und streichele seinen Arm.

Hapi wird wach, kann aber die Augen kaum öffnen. Irgendetwas sagt er. Ich kann seine Worte aber nicht verstehen, er spricht zu undeutlich. Ich küsse seine Hand, und er strahlt übers ganze Gesicht. Ein Pfleger kommt rein und sagt, so strahlend habe er ihn lange nicht gesehen.

Ich weiß nicht, ob er mich erkennt, aber er spürt etwas, was ihn beruhigt und ihn lächeln lässt. Er bekommt noch kein Morphium.

„Sie waren sicher an seinem Geburtstag sehr enttäuscht?", fragt er mich.

„Das nicht, aber sehr traurig."

Er findet es sehr schön, dass ich meinen Mann so oft besuchen komme, obwohl es mir ja nicht so leichtfällt. Ich sage ihm: „Ich habe von meinem Mann so viel Liebe erfahren, da hat er es verdient, dass ich bis zum Schluss bei ihm bin. Und ich glaube ja, er spürt es, wenn auch nicht vom Verstand her."

Bei der Rückfahrt sehe ich die weihnachtlich geschmückten verschneiten Straßen. Sieht so romantisch aus, und mein Schatz schleicht sich gerade aus dem Leben. Ich denke an unsere letzte romantische Schlittenfahrt.

Kaum bin ich zu Hause, ruft mein Sohn an. Er weiß, dass ich bei ihm war, und er will wissen, wie es ihm geht und mich nicht mit den traurigen Gedanken allein lassen. Mir laufen die Tränen, und ich lasse mich gern von ihm ablenken.

Mein Mann ist eingeschlafen – 1. Advent

Ich bekomme einen Anruf vom Pflegeheim. Hapi geht es schlecht, er atmet schwer und bekommt Morphium. Sofort rufe ich mir ein Taxi, denn ein Tixi geht nur mit Anmeldung. Meine Haushaltshilfe ist gerade bei mir und schaut erschrocken, weil ich weine. Sie drückt und beruhigt mich. Zum Glück kenne ich den Weg und kann den Taxifahrer hinlotsen. Ich sage dem Fahrer, warum ich so schnell dort hinmuss. Ich denke, wenn ich mit Unbeteiligten darüber rede, dann muss ich nicht weinen. Aber schon laufen wieder die Tränen. Er bietet mir an, mich auch wieder abzuholen.

Bevor ich klingle, denn abends ist abgeschlossen, muss ich mich erst einmal beruhigen. Aber kaum bin ich im Aufenthaltsraum, kann ich meine Tränen nicht mehr zurückhalten.

Bei ihm im Zimmer dann der Schock, er machte gerade den letzten Atemzug, und dann ist es aus. Ich fühle keinen Puls mehr.

Ich denke so bei mir: Schatz, jetzt hast du es geschafft.

Die Ärztin horcht ihn noch einmal ab, und dann wird er fein angezogen. Dabei wollte ich nicht drinbleiben. Als ich wieder reingehe, halte ich noch eine Weile seine Hand und weine und weine. Ich weiß nicht, wie lange. Immer wieder sage ich mir: Endlich hat sein Leiden ein Ende. Er hatte ein langes erfülltes Leben, wir waren sehr glücklich …

Aber wenn es dann soweit ist, ist es doch so schlimm.

Es ist wie ein Sonnenuntergang, man sieht die Sonne verschwinden und weiß, sie ist bald weg. Ist sie dann plötzlich nicht mehr da, wird es kalt. Die lieb gemeinten Beileidsbekundungen höre ich kaum. Als ich dann die Station verlasse, steht im Aufenthaltsraum ein Foto meines Mannes mit Blumen, Kerze und einem Spruch. Ich rufe den Taxifahrer, und er ist sehr mitfühlend und sagt, er möchte mir zum Trost diese Fahrt schenken.

Ich benachrichtigte meine und seine Kinder. Meine Söhne sind sehr mitfühlend und besorgt um mich. Sein Sohn fragt mich sofort, wie es mit dem Testament weitergeht. Da man in der Schweiz die Urne des Verstorbenen bei sich zu Hause behalten darf, frage ich, ob wir uns zu einer kleinen Urnenfeier bei mir zu Hause zusammensetzen wollen? Seine Antwort: „Kein Bedarf, was habe ich davon!"

Hätte er nicht wenigstens sagen können, dass sie sich an der Urnenkrone beteiligen würden? Um mir das Gefühl zu geben, ich bin nicht allein … Ich finde es so … ich weiß nicht, wie ich es beschreiben soll … einfach kalt und herzlos. Ich denke daran, wie mein Mann immer sagte, sein Sohn käme nur hin und wieder, um zu sehen, ob er noch lebte.

Später besinnen sie sich doch noch und kommen kurz vorbei. Ich habe für meinen Mann eine kleine Rede geschrieben. Da ich aber nicht vor seinen Kindern weinen will, was ich beim Vorlesen tun würde, habe ich für beide einen Ausdruck gemacht.

Als ich diese Rede schrieb, las ich vorher noch Zeilen von meinem Mann an mich:

Zeilen für mein Hasi

Nachträglicher Valentinstag 2007, weil mein Gschenkli noch nicht fertig war. Du kennst mich, ich bereite alles sorgfältig vor, deshalb dieser für mich, uns, besondere Tag, fünf Tage nach dem aktuellen Valentinstag, der ja auch schon schön war, aber nicht so, wie du ihn verdienst. Mein Herz platzt fast vor Vorfreude, dich gebührend zu überraschen.

6°° Hapi sitzt im Büro und arbeitet (ASMZ)
7°° Hapi wird von Hasi zum Frühstück gerufen (ihr geht es wieder gut)

Eigentlich wollte ich den Tisch decken, aber du bist mir zuvorgekommen.

Diese Zeilen lege ich unter deinen Teller und freue mich schon auf dein Gesicht. Aber das kleine Päckli darfst du noch nicht öffnen, erst wenn ich es sage.

Du bist das Beste, was mir je in meinem Leben passiert ist, du mein geliebtes Fraueli.

Womit habe ich so viel Glück verdient? Das Leben hat dich mir gesendet.

Deine Vorzüge: lieb, nett, sauber, aufgestellt, selbstbewusst, riesengrosses Herz, mitfühlend, schöne feste Figur, herziges Lächeln, tierlieb, nimmst alles in die Hand und erledigst es sofort, teilst meine Hobbys, bist sinnlich erotisch und einfallsreich, bist viele Frauen in einer Person, kannst alles, was ich im Gesamtpaket noch bei keiner Frau erlebt habe.

Ich danke, dass ich dich kennengelernt habe (leider erst viel zu spät) und wünsche mir noch eine lange glückliche Zeit mit dir. Du musst mir immer sagen, was du willst. Ich will dich für immer und ewig lieben, beschützen, achten, wertschätzen und ehren.

Das war ein 2. Heiratsversprechen!

Warum habe ich dich erst so spät kennengelernt????

So, mein geliebtes Hasi, wir werden nachher durch Schnee und Eis fahren. Wohin, sage ich nicht, ist eine Überraschig. Nur so viel, auf deinem Platz wird wieder ein grosses Blumenbukett stehen, das kennst du ja. Jeder soll sehen, dass du meine Frau bist. Dort werden wir im Zimmer am Cheminée den Valentinstag so feiern, wie er dir gebührt. Verbringe eine romantische Nacht mit deinem Bärli im Loverroom und lass dich verwöhnen. „Der Höhepunkt" ... Whirlpool unter freiem Himmelszelt.

Du bist mein geliebtes Herzhasi.

Dein überglücklicher Hanspeter

Trauerrede für meinen Mann

Nun bist Du in Ewigkeit bei mir,
so wie es Dein Wunsch war.

Das, was Du nie gedacht hast, ist eingetreten:
Ich sitze mit Deinen Kindern
zusammen und denke in Liebe an Dich.
Die Liebe, die man in früheren Zeiten
nicht so zeigen konnte,
lebt in den Lebenden weiter
und bringt uns zum Nachdenken,
es besser zu machen.
Für mich warst Du der liebevollste Mann, ein willensstarker Schweizer
und ein Vorbild in Deiner geliebten Schweizer Armee.
Mit Deinem großen Herz warst Du für Soldaten, die wegen ihrer Religion
oder Sonstigem nicht dem Maß entsprachen, eine beständige Hilfe.
Dies brachte Dir Dank und Ehre bis an Dein Lebensende.
Dein Hobby war das Fliegen, Politik, politische Analysen und Lesen.
Mit Deiner Arbeit, bei der Du Dich hochgearbeitet und eine Firma
geleitet hast, verbrachtest Du die größte Zeit Deines Lebens.
Als wir uns kennenlernten, sagtest Du:
„Auch unter schneebedecktem Dach kann ein starkes Feuer lodern."
So habe ich Dich als liebevollen, verantwortungsbewussten
und umsorgenden Ehemann kennengelernt.
Die letzten zwölf Jahre Deines Lebens durfte ich Dich begleiten.
Dafür danke ich Dir.
Einen großen Teil Deines Lebens hast Du mit riesiger Freude
mit dem Achterklub verbracht.
Selbst im hohen Rentenalter hast Du noch als Redakteur der ASMZ
gearbeitet, stets darauf bedacht, Deinem Leben einen Sinn zu geben.
Du hast ein langes, gesundes und auch glückliches
Leben gehabt und hast nun Deine wohlverdiente Ruhe.

In Liebe,
Deine Frau,
Deine Stiefsöhne Heiko und André,
Deine Kinder Marianne, Jürg und Ehefrau Marina,
Deine Enkel Claudia und Oliver

Wenn man das nicht miterlebt, kann man nur erahnen, wie schlimm es ist, wenn sich der geliebte Mensch, der so intelligent, liebevoll und ehrenhaft seinen Mann im Leben stand, durch Alzheimer verändert. Es ist eine Bürde, die man mit ganzem Herzen tragen muss.

Ich wünsche mir auch, dass die Politiker und die Gesellschaft mehr in die Pflicht genommen werden. Sie können zwar nicht die Kranken heilen, aber sie können die Ängste der Patienten und Angehörigen lindern, indem sie sich der Frage stellen, wie Demenzkranke in Würde leben und sterben können. Es könnte den Angehörigen ganz sicher auch das Herz leichter machen, und sie müssten sich nicht so schuldig fühlen, wenn sie selbst an die Grenzen der eigenen Belastbarkeit kommen und sich für eine Unterbringung in einem Heim entscheiden müssen.

Solche Gedanken begleiten mich durch den ganzen Tag. Ich beginne, über so viele Dinge nachzudenken, einfach selbstverständliche Dinge mehr wertzuschätzen.

Ich hoffe, ich konnte eindrucksvoll und unpathetisch unsere Situation schildern, sodass daraus klar wird, dass es für den pflegenden Angehörigen im Grunde immer nur eine „schlechte" Entscheidung geben kann. Es gab für mich keine befriedigende Entscheidung, und die Gedanken schwankten und fanden keine Ruhe.

Dieses Buch habe ich geschrieben, um anderen zu zeigen, dass es durchaus möglich ist, einen dementen Menschen zu Hause zu pflegen.

Um es durchzustehen, sollte man:

- den Menschen lieben,
- ihn ehren,
- wertschätzen,
- ihm ein ruhiges, liebevolles Umfeld bieten,
- ausgeglichen sein und gute Nerven haben,
- Zeit haben.

Ich bin dankbar, dass ich diesem wertvollen Menschen sein Leben, so lange es mir möglich war, in seiner gewohnten Umgebung erhalten konnte.

Diesen Satz sagte er fast jeden Tag zu mir, trotz seiner starken Demenz, bis zum Ende in seinem Haus:

„Danke, für alles, was du den ganzen Tag für mich gemacht hast."

Das wird mir immer in Erinnerung bleiben.

In meiner neuen Wohnung in Deutschland sieht er mich in jedem Zimmer lächelnd an.

„Ich habe dich, wie versprochen, immer bei mir."

Danke, Hanspeter!